读客文化

牛津通识课：苏格兰史

[英] 罗伯特·休斯敦 著
张正萍 译

海南出版社
·海口·

审图号：琼S（2020）058号
图字：30-2020-143号

图书在版编目（CIP）数据

牛津通识课. 苏格兰史 / (英) 罗伯特·休斯敦 (Rab Houston) 著；张正萍译. -- 海口：海南出版社, 2020.12
书名原文：Scotland：A Very Short Introduction
ISBN 978-7-5443-9519-9

Ⅰ. ①牛… Ⅱ. ①罗… ②张… Ⅲ. ①科学知识—普及读物②苏格兰—历史 Ⅳ. ①Z228②K561.0

中国版本图书馆CIP数据核字(2020)第191194号

牛津通识课：苏格兰史

NIUJIN TONGSHI KE: SUGELAN SHI

作　　者　[英] 罗伯特·休斯敦
译　　者　张正萍
责任编辑　杨　艳
执行编辑　徐雁晖
封面设计　读客文化　021-33608320
印刷装订　北京盛通印刷股份有限公司
策　　划　读客文化
版　　权　读客文化
出版发行　海南出版社
地　　址　海口市金盘开发区建设三横路2号
邮　　编　570216
编辑电话　0898-66830653
网　　址　http://www.hncbs.cn
开　　本　787毫米 × 1092毫米　1/32
印　　张　9
字　　数　123
版　　次　2020年12月第1版
印　　次　2020年12月第1次印刷
书　　号　ISBN 978-7-5443-9519-9
定　　价　36.00元

如有印刷、装订质量问题，请致电010-87681002（免费更换，邮寄到付）

纪念我的母亲

珍妮·佩特森·豪斯顿（娘家姓布朗）

1920—2007

目录

插图目录

1，500英尺（450米）以上
800-1，500英尺（250-450米）以上
800英尺（250米）以下
0 25 50 75 100 km
0 10 20 30 40 50 60 miles

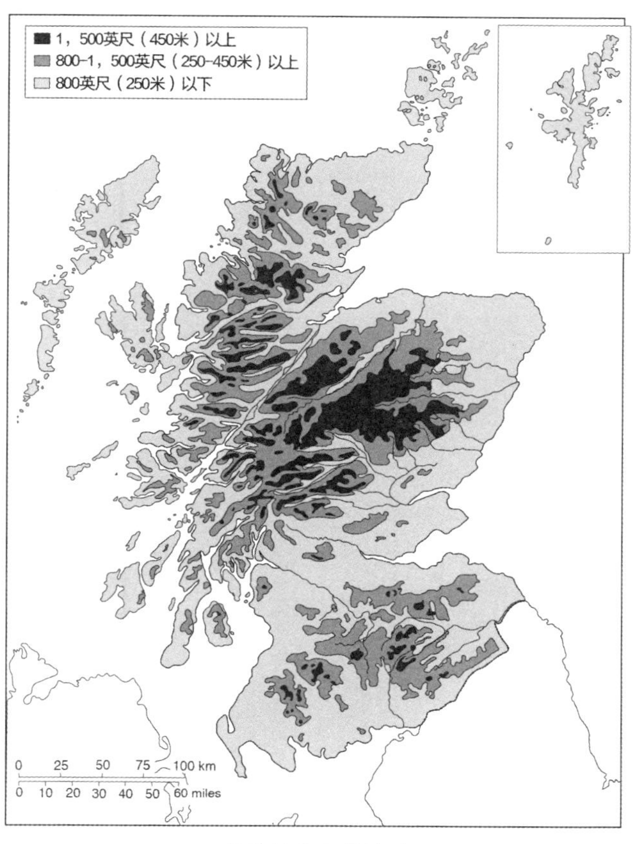

苏格兰的自然地图

导言

和非英国人一样，英国人也发现他们往往很难搞懂苏格兰。苏格兰人真的只是英国人中的一支吗？答案当然是“不是”。苏格兰是不列颠的一个独特的存在吗？“是。”苏格兰人是英国人吗？“偶尔是。”苏格兰和英格兰共享一种语言、一位君主（自 1603 年以来），以及一个议会（自 1707 年以来）；它们都经历了帝国时期和工业革命。但是，有很多其他方面的历史使得苏格兰与众不同。乔治·奥威尔曾经在《英格兰，你的英格兰》中写道：“民族性不能被钉死，当你钉死民族性时，它们往往变得琐碎，或彼此看似毫无瓜葛。”

联系还是要到历史中去寻找。现代苏格兰的社会、政治和文化特征，源于苏格兰数个世纪以来在不列颠和欧洲背景下独立且平行的发展。它们是一部连续与变迁、一致与对抗、好与坏的故事，不过苏格兰真正引人注目的，还是它的政府、宗教、法律、教育、社会关系、人口流动以及文化。我们只有先解释和评价这段历史，才能理解当下的苏格兰。

本研究涉及四个主题。首先，虽然从现代标准来看，苏格兰明显不是“多元文化的”，但在历史上，在如此小的一个国家内，其地理、语言、宗教和社会却存在如此鲜明的差异。其次，苏格兰拥有一个强大的“公民社会”，或者说“志愿部门”（voluntary sector），它们有时强化了这些差异化特征，有时又缔造了同质的观念，特别是在教育观和一般人道观方面。再次，无论地方和地区之间存在多大的差异，苏格兰在并不暗淡的中世纪便发展出了一种民族认同感，即便在与英格兰联合的背景下、在苏格兰人欢呼成为“英国人”时，这种认同感仍然存在。

最后一个主题关注的是，同时身为苏格兰人和英国人究竟意味着什么。现代苏格兰人和英格兰人之间的误解（偶尔还有敌意）源于一种紧张的关系——他们既分享共同的经历却又想保持差异。

苏格兰人（和英格兰人）只是在特定的背景下才是“英国人”，并且这一层次的认同也囊括了区域性特征，而非忽略这些特征。当苏格兰人（或威尔士人、北爱尔兰人）说自己是“英国人”时，他们说的是一段漫长而不同的历史，其中夹杂着有限的相同经历——但与英格兰人相比，他们在使用这个词语时可能更加包容。1922 年爱尔兰革命以及美洲革命之后的民族主义历史更有说服力，因为这让爱尔兰和美国摆脱了（英格兰人）强加给它们的英国文化和政府统治。苏格兰人却从未这样做，而且可能也最不想这样做，因为在某种程度上，苏格兰人在创造这一文化时也发挥了比较积极的作用。

英格兰不是与苏格兰相互影响的唯一一个国家，也不总是最重要的那个国家。尽管如此，苏格兰、英格兰（还有爱尔兰）的历史，几百年来互相交织，苏格兰人参与了英格兰人的计划，带着不同程度的热情和保留态度支持联合王国。苏格兰的历史需要跟英格兰的历史放到一起来理解，这并不是说要去考察苏格兰被外来的英格兰干预、压制和扭曲的历史，而是去理解它们的历史中哪些部分是各自独立的，哪些部分是共同分享的。无论苏格兰将来是否还是联合王国的一部分，英国史都会是苏格兰历史的一部分。

| 第一章 |

政治和统治

01

缔造不列颠

把不列颠看作苏格兰、英格兰和威尔士，便承认了一个中世纪的发明，因为在此之前，形成一个独立自主的苏格兰王国是有可能的。几百年来，对于黑暗时代的苏格兰分散的政治团体，它们要么有可能保持分散，要么有可能在英格兰人的统治下合为一体。

现在成为苏格兰的这片土地，在黑暗时代，就像由不同政治联盟和民族组成的不断变换的拼图，这些政治联盟和民族构成了三个主要团体——盖尔人、皮克特人、布立吞人。达尔里阿达（Dál Riata，集中在西部的阿盖尔郡）属于“苏格兰人”（这个英语单词没有苏格兰方言形式，最好译为“盖尔人”），盖尔人这一民族也生活在爱尔兰。皮克特人占据北部、东部，而布立吞人则在南部。从那时起一直到中世纪，苏格兰都与威尔士和爱尔兰相似，由分散的首领或领主构成松散的整体，而没有太多机会凝聚成更大、更强的团体。

苏格兰统一的进程非常缓慢。公元 843 年，皮克特人的国王肯尼斯·麦克阿尔宾（Kenneth MacAlpin，又写作 Cinaed mac Alpín）统一了福斯河以北的苏格兰，最终在 10 世纪成为著名的“阿尔巴”王国。阿尔巴王国政治中心从阿盖尔郡移到东部的珀斯郡，当时这个混合王国融入了苏格兰人，或称盖尔人和皮克特人，但从根本上说，盖尔人让皮克特人的影响黯然失色。下一个里程碑是 1018 年，国王马尔科姆二世打败了诺森布里亚人（自公元 7 世纪以来，诺森布里亚人就控制了苏格兰东南部的大片土地），将洛锡安纳入其统治之下。但即便在那时，西北部分地区仍然在独立的斯堪的纳维亚的管辖内，因为维京海盗自公元 9 世纪起就在苏格兰（和爱尔兰）开拓他们自己的疆土。1100 年时，阿尔巴王国由两个相连的王国组成，一边是占据现代苏格兰三分之一领土、贯穿苏格兰东南部和英格兰东北部的诺森布里亚，一边是挪威人控制的群岛和剩下的西部地区的王国。

从12世纪开始，君主们称自己是“苏格兰人的国王”。13世纪，苏格兰的边界变得越来越牢固，政治中心也越来越清晰。诺森布里亚仍是一个缓冲区——特威德河畔贝里克（Berwick-upon-Tweed）在1147到1482年间经历了13次易手，此后一直属于英格兰。实际上，英格兰的国王接受了一种半脱离的领土措施，有时英格兰国王甚至没察觉领土被入侵，除非苏格兰人的军队抵达蒂斯河，甚或亨伯河被频繁入侵。特威德河以南的诺森布里亚直到1237年签订《约克条约》后，才开始一直属于英格兰。在《约克条约》中，（苏格兰）国王亚历山大二世放弃对英格兰北部郡县的领土主张，时效200年。这一条约巩固了盎格鲁-苏格兰的和平，和平期从1217年一直持续到1296年。《约克条约》还允许（苏格兰）君主同化加洛韦，使其融入新兴的苏格兰国家，但直到15世纪，加洛韦一直处于半脱离状态。

亚历山大二世的统治标志着苏格兰国王关注重心的重大转移，他放弃了重绘不列颠政治地图的机会，此后一直致力于向西北扩张，而不是南下。亚历山大二世去世之前，他正试图从挪威国王手中抢夺赫布里底群岛和马恩岛。这一任务最终由其儿子亚历山大三世在拉格斯战役（艾尔郡，1263）之后完成。于是，到 1266 年，“不列颠”（不包括那时独立的威尔士公国）包括两个独立的集权君主制国家，这两个国家通过《珀斯条约》，或多或少清晰地界定了疆域。另一个君主国是英格兰，它的统一比苏格兰要早得多。最迟到 11 世纪，英格兰就已不再是一个松散的小王国团体，而是变成一个“联合王国”，其中心地带在东南部：“盎格鲁人之地”的盎格鲁 – 撒克逊的统一“国家”。

从事后来看，苏格兰内部的统一力量与它和英格兰的分离力量一样明显。但是，一个统一的、独立的苏格兰王国的发展并非注定。相反，或许有一些让苏格兰无法独立的因素促使英格兰领主直接统一不列颠。12 世纪和 13 世纪，苏格兰和英格兰在两个重要方面走得越来越近：一方面，两个王朝的联系越来越紧密；另一方面，布鲁斯、巴里奥尔、斯图亚特这样的诺曼贵族被国王大卫一世邀请进来，他们在12世纪的低地苏格兰建立了自己的权势，后来凭借自己的能力成了苏格兰的国王。这种定居形势是1066年诺曼人征服英格兰之后，不列颠和爱尔兰日渐诺曼化这一广泛进程的一部分。

诺曼人对苏格兰的影响在大卫一世统治时期最为明显。大卫一世深受诺曼宫廷和诺曼文化熏陶，追求扩大皇家权威，他不仅扶持诺曼贵族，还引入了文字记录，建造了城堡，创建了自治城镇或拥有贸易特权和行政自治权的“皇家市镇”。不过这些都是大卫一世自愿采纳，而非外部强加的，因为苏格兰没有被诺曼人征服。英格兰在1066年时已经是一个完整的国家，这就让接管和变革这个国家变得更加容易。但苏格兰是个完全不同的实体。自那时起直到后面几个世纪，苏格兰的政治都是分散的，它的诺曼化借助的是移民和同化，而非武力。

图 1　有着明显盎格鲁 – 诺曼特征的城堡，不仅是中世纪权力和地位的象征，还是统治中心的象征

不列颠瓦解：独立战争

不同于中世纪的英格兰、威尔士和爱尔兰，苏格兰这个国家从未被彻底征服，相反，它偶尔还有险胜的机会。苏格兰和英格兰之间有着重要的纽带，最终也许会完全（甚至可能是以和平的方式）被纳入英格兰国王的统治轨道上来。自相矛盾的是，盎格鲁 – 诺曼王权带来的政治、社会和军事变化最终反而为苏格兰的独立奠定了基础。尤其是由

英格兰国王爱德华一世（1272 — 1307 年在位）开启的战争，以及其继承者继续发动的战争，这些战争迫使大贵族（他们往往在苏格兰和英格兰都有领地）决定他们究竟忠诚于谁，这不仅要确定其苏格兰身份，还要确定其英格兰身份。在此过程中，12 世纪低地的盎格鲁 - 诺曼领主们联合高地（苏格兰西北部的山区）的首领，成为独立的苏格兰贵族。12 世纪和 13 世纪统一苏格兰和英格兰的那股力量在 14 世纪反而将它们分开了，并最终确立了它们作为独立国家的未来。爱德华一世（及其他人）声称拥有威尔士和爱尔兰的土地，他统治爱尔兰，征服威尔士（但直到都铎王朝时，威尔士才被统一），作为不列颠最强大的国王，他对苏格兰行使直接的、最高的统治权。因而，他似乎缔造了一个独特的不列颠王国。1290 年，亚历山大三世的王位继承人玛格丽特去世，由爱德华监督仲裁了“那一伟大事业”（王位继承问题）；1292 年，约翰 · 巴里奥尔（约翰一世）被推上苏格兰王位。爱德华的不列颠设想看起来似乎实现了。但苏格兰却选择与法国人一同对抗英格兰，1295 年苏格兰与法国缔造了一条［“世友”关系，the ‘Auld (old) Alliance’］纽带，并一直持续到16世纪。从那时起，英格兰就一直是苏格兰的“世敌”了（见第六章）。

冲突在升级。1296年，苏格兰小规模的越境侵袭导致爱德华发动了全面入侵战争，这开启了苏格兰人熟知的“独立战争”。爱德华在通往贝里克和邓巴的途中展开屠杀，占领了爱丁堡和斯特灵的城堡，然后向北直抵埃尔金（Elgin）。战争初期，苏格兰的军事抵抗由威廉·华莱士领导，但后来他成了一个孤立无援的“草莽”英雄，并最终于1305年被绞死、车裂、分尸。这样，爱德华就能宣称拥有对不列颠群岛所有地区的统治权了，他的统治疆域广阔，日渐统一，让伦敦实现对苏格兰司法、立法、财政和行政上的最终控制。

但是，爱德华对爱尔兰和苏格兰的统治是不稳的，他的不列颠国家很快土崩瓦解。从1306年开始，一系列复杂的政治事件促使卡里克伯爵罗伯特·布鲁斯领导苏格兰对抗英格兰，并最终由他获得了苏格兰的王位。1314年，布鲁斯在两天的班诺克本（Bannockburn，斯特灵郡）战役中以少胜多，战胜了英格兰的强大军队，获得一场令人震惊的胜利。苏格兰人用的是他们的“百姓兵”或民兵，这些农民没有军饷，却有着高度的忠诚，他们摆起密集的长矛方阵（刺猬阵，schiltrom），在突袭英格兰军队之前，先消灭了敌人的骑兵。这场战役的直接结果就是驻扎在斯特灵城堡的英格兰卫戍部队投降。回顾一下这段历史便可知道，这场战役是重大的转折点：爱德华的设想依旧存在，但它们不可能实现了。

与此相反，布鲁斯以他的胜利和政治技巧铸造了一个苏格兰民族。布鲁斯身上的各种美德让他能够披上爱国主义的外衣，但他又是一个分裂的贵族阶级中的一个分裂性的人物，也是一个暴力的、追逐私利的人。不久后，曾在著名的《阿布罗斯宣言》（*Declaration of Arbroath*，1320）中表示坚决支持布鲁斯的贵族，马上就起来造反了。《阿布罗斯宣言》被认为是缔造苏格兰民族的里程碑，它寻求教皇约翰二十二世的支持，呼吁教皇将一位独立统治者的加冕合法化，并宣称：“只要我们还有 100 人，我们就决不会屈服于英格兰的统治。我们不是为荣耀、财富或荣誉而战，我们是为自由而战……”不过，布鲁斯（罗伯特一世）很聪明，他将他的王朝和独立民族的理想联系起来，和贵族、平民的支持关联起来，并创造了一个强大的新君主国，以此作为随后苏格兰身份认同的重心。

表面上看，班诺克本战役并没有带来什么长远的影响，因为英格兰的干涉还在继续，引起了两地持久的猜疑之心。但长远看来，班诺克本战役不仅是苏格兰和英格兰历史上最重要的战役，还是不列颠历史上最重要的战役，因为它标志着在不列颠没有实现“超级统治权”的可能。考虑到中世纪（英格兰）对不列颠群岛其他地方三心二意、并不彻底的征服，苏格兰令人震惊的胜利可能是件好事。英格兰人控制下的爱尔兰和威尔士要感谢 12 世纪以来盎格鲁 – 诺曼贵族所带来的“个人进取精神”（private enterprise）的侵略。威尔士的悬念在 16 世纪最终确定[1]，但爱尔兰从来没有，两地的土著居民都惨遭种族隔离。自 10 世纪以来，对苏格兰的政策

1　是指威尔士在 16 世纪最终被征服。—— 译者注（后文如无特别说明，脚注皆为译者注）

必然来自英格兰国王，因为没有一个贵族能强大到征服一个如此多样、如此分裂（又如此强大）的国家。班诺克本战役清楚地表明，即便英格兰国王的雄心再大，也是有局限的，这场战役是塑造独立苏格兰的里程碑。

缔造苏格兰：从独立到联合

尽管《阿布罗斯宣言》显然有着永恒的诉求，但它还是一份专门请求基督教最高权威教皇承认一个独立王国的请愿书。这份宣言表达了教士和俗人的愿望，描述了教会在苏格兰和欧洲境内的重要政治意义。它聚焦于王室或君主自由，因为当时的苏格兰完全是一个犹如一盘散沙的政治实体，除了君主和教会，很多地方都是分裂的。苏格兰随着王朝的积累而不断发展，人们对君主的忠诚有助于创造一种“民族”感。当人们提起“王国共同体”时，他们的意思是那些生活在一位国王统治下的人。

事实上，即便君主力量式微，君主也仍是中世纪苏格兰人身份认同的主要焦点。15 世纪，大多数英格兰国王都是篡位者（1399 至 1485 年间经历了五次王朝更迭），但斯图亚特王朝还是从 1371 年的罗伯特二世一直延续到了 1714 年安妮女王去世。产生这种适应能力的原因在于，16 世纪前的君主更多的是一个聚焦点，而非强大的独立行动者。尽管苏格兰国王倾向于避免和他们的贵族发生冲突，但大卫二世、詹姆斯一世和詹姆斯二世还是得应对因钱财需求而引起的反抗。他们没有在臣民身上强加过多的直接税，因而和同时代的欧洲相比，他们享有相对的和平。詹姆斯三世曾想在 15 世纪 70 年代的对外战争中一展雄风（他死于 1488 年平定叛乱的战争中），但贵族对于实现詹姆斯三世这些统治者的雄心抱负没什么兴趣。詹姆斯四世和詹姆斯五世非常顺利地攫取了钱财，没有遭到任何抵抗，尽管例行的王室税收直到詹姆斯六世统治时期才建立起来。

理想的君主制意味着长期存在的少数派不会破坏这个国家。玛丽，这位苏格兰人的女王，在其父亲詹姆斯去世时只是个一周大的婴儿。她从 1548 年起就被养在法国，1558 年和法国王位继承人结婚，直到丈夫去世才返回苏格兰。当1567年玛丽被废黜时，她的继承人詹姆斯六世还是一个婴儿。苏格兰君主制跌至低谷的时间不是在少数派当权时期，而是在成年玛丽执政期间。1561年，玛丽抵达苏格兰，当时一群持不同政见的贵族精心策划了一场激进的宗教“改革”（新教代替天主教）。作为女王，玛丽花费了大量时间控制破坏的程度。

苏格兰的贵族不希望出现一个太强大的君主，但一位无能的君主也不行。玛丽非常合理地抵挡了新教领袖约翰·诺克斯（John Knox，1514—1572）的尖锐警告，牵制了各个派系，直到1565年，她不明智地结了婚。随后，她的统治土崩瓦解，贵族将她驱逐出境。她被流放到英格兰，并被囚禁在那里。1587年，玛丽在英格兰作为叛国者被斩首。她所有的物品都被焚烧。玛丽是一个极有政治才能、极具个人勇气的女人，她热爱生活，是一位勤勉认真、魅力四射的女王。我们对她的评判不应该基于她的败局——没能给其命悬一线、摇摇欲坠的国家带去稳定，而应该基于她为实现这个目标所采取的众多成功的尝试。她被打败不是因为她不能与她的敌人相抗衡，而是因为敌人太多，问题太难处理。

玛丽的统治是在王权日益增长趋势下的一股逆流，其实在詹姆斯四世和詹姆斯五世时期，王室已经变得更加自信、更加坚定了。从那时起，以及其后数百年，苏格兰的政府与英格兰的政府一直都大相径庭。从盎格鲁－撒克逊时代起，英格兰王室就运用了普通法和全国巡回法庭制度，对地方和团体的自由进行严密有效的集中司法控制，向它们征税，要求它们为大规模战争买单。另外，英格兰国王还发行自己的货币。英格兰政府是地方参与式的政府——郡、百户区、镇、教区——这些都直接向国王负责。英格兰中世纪的国王有着极大的权力，只是偶尔会缺少威信。

苏格兰君主则有着强大的威望和有限的权力，他们不得不维护（权力的）多样性，支持贵族的既有特权，这种情况一直持续到很晚。苏格兰贵族认为自己是共同统治者，而非臣民。17世纪末之前或18世纪之前，地方政府是领主或皇家市镇的政府，同时在很大程度上也是业余的、参与式的，中央的触角轻轻柔柔，力量不够。大卫一世发行的第一批皇家货币以英格兰货币为模板，流通了几个世纪，苏格兰的度量衡直到 19 世纪才标准化。中世纪晚期，苏格兰已经成为一个君主制国家，还有以下几大支柱支撑着这个国家：一个独立的教会，一个早熟的历史书写的民族主义流派，一个正在形成但已经稳健的法律体系。作为一个国家，它与英格兰毫无相似之处，反而更接近以地方分权的权力结构为特征的绝大多数欧陆国家。

联合：1603 到 1707 年

16 世纪见证了威尔士彻底融入英格兰政府的过程：郡、镇、普通法、议会。英格兰和威尔士成了一个统一的国家，这可能是当时欧洲仅有的一个统一国家：王室和议会权威在整个王国中盛行，这里有普通法，有统一的宗教，有自由的内部贸易，有一套基于领土和制度而产生认同的方式，也就是“国家意识”，如果这种国家意识不是所谓的爱国主义的话。随着时间的推移，威尔士人和英格兰人在社会层面也逐渐统一了，仅有威尔士语作为单独的标志被保留了下来。从1603年起，苏格兰与英格兰共戴一君，但1707年盎格鲁－苏格兰的联合，就像1801年盎格鲁－爱尔兰的联合一样，纯粹是法律意义上的，缺乏威尔士与英格兰那样政治、法律和制度上的统一。苏格兰和英格兰因为王室联盟和宪法工具而被拉拢在一起。英格兰的伊丽莎白一世（1558—1603年在位）死后无子嗣，苏格兰的詹姆斯六世觊觎其继承人位置已久，他于1603年戴上了英格兰的王冠，加冕为詹姆斯一世。人们“静默地欢呼，没有激烈地呼喊”。詹姆斯把他的朝廷从爱丁堡搬到了伦敦。他有志于在法律、宗教和政府方面更彻底地统一两个国家，但最终一事无成——就连王室特权（只有王储才能享有的权力），在南北两个国家也不一样。詹姆斯一世的继承人查理一世，在政治上不够敏锐，他也为此付出了生命的代价，最后发现这两个王国依然不同（见第二章）。

1707年前后，议会联盟在南方引起的争议并不比王位争议多。英格兰人很满意这笔交易，它确保了王位的继承，消除了苏格兰议会独立的刺激因素，带来了持久的安全。苏格兰人则更为矛盾，他们针锋相对的观点充斥了超过 500 份的小册子、祷告书和专门的论著。对立双方中，一方是昆士伯里公爵，他是女王在苏格兰的钦差大臣，鼓吹联合的经济利益和政治好处；另一方是贝尔黑文勋爵，他因“我们的老母亲加利多尼亚”受到的威胁而胆战心惊。出于各种不同的原因，很多苏格兰人实际上都对联合持怀疑态度。被赶下台的詹姆斯七世的支持者们，所谓的“詹姆斯党”（Jacobite，该词源于“Jacobus”，“James”的拉丁文），为了谁继承安妮女王才合法的问题而产生了骚乱。激进的新教徒出于自己的立场，在面对明显威胁到他们独立教会和法律的危险时畏缩不前。

1700 年以后，一些苏格兰人认为联合是一种背叛。诗人罗伯特·彭斯（Robert Burns，1759—1796）将苏格兰代表描述为“一群无赖”。事实上，很多谋划联盟的苏格兰人在斯图亚特王朝晚期被流放到了低地国家，他们是 1688 至 1689 年“光荣革命”坚定的、原则性极强的支持者。在“光荣革命”中，詹姆斯七世（詹姆斯二世）逃离了他的王国，奥兰治的威廉和玛丽（詹姆斯的女儿）接管了这一王国。像斯达尔、马齐蒙特、利文伯爵这样的人，自 1689 年以来就在讨论、计划合作联盟，他们相信（就像约翰·诺克斯所做的那样），联合会保护苏格兰的宗教改革，对抗法国路易十四的绝对君主制对所有新教徒发起的军事威胁。他们站在真正的“不列颠”立场上。17 世纪 90 年代，他们就意识到了苏格兰亟待改善的经济状况，还希望苏格兰能优先进入与英格兰殖民地的蓬勃贸易中，但自 1651 年《航海法》颁布以来，这一贸易便受到阻碍。《航海法》颁布的原因不在于人们对王室或苏格兰人（或荷兰人）的敌意，更多在于强大的、自私的英格兰大商人的游说。

彭斯还嘲讽这些苏格兰代表“为了英格兰的黄金而被买被卖”，这既指“利益”或腐败（当时是一种正常的经商方式），又指为弥补 1699 年达连湾（巴拿马）灾难性的殖民冒险带来的损失而讨价还价所得到的 40 万镑赔偿金。苏格兰没有强大的海军保护其商业船队。最终，政治集团之间的意见达到平衡，联合成为一场“公平交易”。1707 年 5 月 1

日，联合最终成行。苏格兰在议会的下议院得到45个席位，在上议院得到16个席位。不过，如果英格兰人想再次忘掉苏格兰，那他们很快就会失望。

政治稳定或许在1689年的英格兰就已经实现了，但在爱尔兰或苏格兰却没实现。这种不稳定表现为詹姆斯党人在第一次叛乱中攫取了基利克兰基（Killiecrankie，珀斯郡，1689），又于1691年在爱尔兰和苏格兰遭遇惨败。现在，1689年之后的詹姆斯主义被看作是一种激动人心的民族主义，或一场注定失败的、浪漫而不合时宜的运动，它是一种主流，但也不过是一场基于神圣继承权利（让君主接受涂油礼）和对王朝的忠诚的精英政治/宗教运动。它不是一场独立运动，而只是对英国王权的另一种宣扬。1701年颁布的《继承法案》承认汉诺威王朝有权继承无嗣的安妮女王的王位（1714年的确如此），这一法案来自伦敦而非爱丁堡。该法案在苏格兰的同等文件，即著名的《安全法案》（1704）仅规定，安妮的继承人应该是她家族谱系中的新教徒。这样一来，就没什么能阻挡詹姆斯七世的儿子，即“老觊觎者”詹姆斯·爱德华·斯图尔特（1688—1766），转而要求作为詹姆斯八世继承王位，进而改信天主教。

几十年来，政权更迭不断发生，偶尔也有政权能实现统治。1708年，尝试在爱丁堡登陆的“老觊觎者”被赶了出去，但此举却激励了那些有神圣继承权想法的人和那些对汉诺威王朝心怀不满的人，斯图尔特的支持者们1715年再生叛乱，在英格兰北部挑起事端。这次支持詹姆斯王室的人比1745年那次重大叛乱的人数要多，但他们在英格兰领导无方、组织涣散，轻易就被粉碎了。

1715年失败后的相互攻讦削弱了詹姆斯王室的势头，令他们前景暗淡。不过到1745年，几股强大的力量动摇了不列颠的稳定：辉格党（左翼）30年的统治在心存不满的托利党人（那时以政治上的右倾闻名）中激起了普遍敌意，尤其对辉格党的宗教政策、苏格兰在联合后短期内没能避免的经济祸患、1736年爱丁堡的波蒂厄斯骚乱，以及爱尔兰遭受的歧视和赤贫等十分不满。另外，1745年詹姆斯党人有着重要的优势：詹姆斯·爱德华的儿子查尔斯·爱德华·斯图亚特（“小觊觎者”或“漂亮查理”）是位有超凡魅力的领导者，他得到了法国和爱尔兰的支持。他快速灵活的军队拿下了爱丁堡，1745 年 9 月，他只用了 15 分钟就在普雷斯顿潘（Prestonpans，东洛锡安）击溃英军，并迅速南下直达德比 —— 距离伦敦只有 130 英里。

此后，叛军失去了主动权，事情开始变糟。一些英格兰托利党人承诺的支持打了水漂，军事上的分歧导致军队撤退，没能与法国军队会合。即便如此，1746 年 1 月的时候，他们都还未完全失败，因为詹姆斯党仍然在打胜仗。接着，他们退回高地，远离他们天然的要塞，失去了东北低地的支持，而这些地区在宗教、政治和社会构成上都更同情他们。

汉诺威王朝毫不留情地包围了他们，还集结了军队、金钱、物资，并用海军围困詹姆斯党人。然而，詹姆斯党人的失败并非确定，直到乔治二世最小的儿子坎伯兰公爵在因弗尼斯郊外发现了这支筋疲力尽的军队。汉诺威王朝的军队明智地使用了步兵和炮兵，此举挫败了叛军的冲锋，一小时内让三分之一的叛军殒命。不列颠土地上最后一次战役 —— 卡洛敦战役，表明了英国社会的分裂。战场上不是彩色的苏格兰格子对阵英格兰的红外套，而是各种各样的色彩（和方言），其中一半是汉诺威的苏格兰军队。觊觎者则在战场上派出了一支由法国人（一直是军队中坚）、爱尔兰人、英格兰人，还有来自高地和低地的苏格兰人组成的国际部队。

卡洛敦战役的失败，再加上他们随后又被坎伯兰的焦土政策赶回老家，这些无可挽回地毁掉了詹姆斯党的事业。查尔斯逃亡，余生过着意大利醉鬼般的日子，死于 1788 年。与此同时，1759 年，法国舰队的入侵行动溃败，不列颠在七年战争（1756—1763）中彻底获胜，消灭了政权更迭的有力威胁，但（不列颠）政府仍然认为在因弗尼斯外修建一座牢固的乔治堡（1769）是明智的。联合得以确保，但（苏格兰）人民不确定该如何对待乔治一世，直到 1820 年乔治三世去世，汉诺威王朝才得到他们积极的爱戴。

乔治三世在其统治时期，发明了一面不列颠的旗帜以标志这一联合。詹姆斯六世（詹姆斯一世）也曾尝试过，但没能让圣乔治和圣安德鲁的十字架融合在一起。“联合杰克”（Union Jack）[1]诞生于17世纪50年代，彼时奥利弗·克伦威尔统治下的英格兰确实以军队征服了苏格兰和爱尔兰（这面旗帜中间有一个爱尔兰的竖琴），但现在这面联合旗帜从1707年联合一直持续到1801年的爱尔兰合并，那时，圣帕特里克的红色“X”形状被放在了圣安德鲁的白“X”形状里面。后腿站立的狮子正是苏格兰国王的徽章——这面国旗非常恰当地代表了君主制在缔造苏格兰、维护苏格兰独立过程中的历史作用。

1801年，联合所产生的重要且积极的经济效应早已清晰可见。苏格兰在经济上与英格兰及其殖民地接轨，这促进了苏格兰城市发展，推动了农业和工业革命。对英格兰来说，联合是它一直追求的，并带来了短期的政治安全，这种安全只有在打败詹姆斯党的挑衅后才得以巩固。对不列颠而言，联合促进了帝国和经济的发展，而帝国和经济的发展创造了联合王国这一事实，并让它在1763至1790年

1　Union Jack，英国米字旗的别称。

成为一个欧洲强权，在1815年之后成为一个世界强权。但是，联合也在成员国之间以及苏格兰内部埋下了怨恨和冲突的种子。

从社会和文化上说，高地和低地地区之间的差距自14世纪起就已形成（见第四章），而认为低地的价值观“文明”、高地人等同于“野蛮”的观念则加剧了这一差距。从政治层面来说，苏格兰的意义也并不明晰。英格兰人、联合前的间谍丹尼尔·笛福在其《不列颠全岛游记》（1724—1727）中写道，联合确保了苏格兰的和平，促进了它的商业：

> 但我不能说，作为一个个体她从那时起就屹立于世界之林了。在此之前，她被当作一个国家，现在她再也不是了，只是一个省而已，或顶多是一片辖地。

的确，联合带来的问题和它解决的问题一样多。关于民兵制和保留军队权利的争论一直悬而未决，但这一问题随着联合而消失了。几十年间，苏格兰人都在议会中争取恢复以上两种权利——至少留个体面。他们没能搞定，很大程度上是因为相当多的一部分人明显不忠于1714年后的政权，尽管长远看，他们提出了几个重要的问题：苏格兰的议会是融入、嫁接还是消解在英格兰的议会中？联合是平等的还是殖民的？苏格兰人拥有英格兰人宪法意义上的权利吗？他们有什么权利？美洲殖民者很幸运地直到18世纪60年代才需要面对这些问题。但（在他们当中）苏格兰的历史背景是相当明显的，它不仅影响了对于美国大革命的争论，也影响了美国宪法第二修正案（拥有军队的权利）。

苏格兰法律

1707年，苏格兰的独立议会融入了英格兰议会，但它的教育机构、地方政府、特别法和宗教都得以保留。这就包括建立允许发表意见的机构，有权决定经济、社会和政治问题等广泛问题。最重要的一点是，可以保留苏格兰的主要法庭。

从巴尔夫、克雷格、斯基恩等著名法官的著作来看，苏格兰人清醒地意识到，他们的法律有别于王权的联合。对于这一点，早在1681年，伟大的“苏格兰法律制度”作家或法典汇编作家斯太尔子爵就已经提醒过苏格兰人了。[1]苏格兰人有意识地把民族认同建立在自己的法律之上，18、19世纪尤其如此。虽然苏格兰的法律也受到了欧洲大陆传统和英格兰传统的影响，但它不同于爱尔兰人遭受的那种殖民强迫，而是在苏格兰本土上发展出来的。苏格兰人在中世纪适应并吸收了英格兰的法律思想。苏格兰有“普通法”，可以变相地理解为“共同法”（ius commune），或仅仅理解为适用于每个人的国王法，除非国王另有他说——但这一点不同于英格兰。实际上，文艺复兴的主要影响来自法国，其影响体现在创造议会中的“财产地位”（代表性成分）、1532年最高民事法院司法协会（最高民事法院）的创建，以及律师的教育和职业化。

以15世纪的司法委员会即上议院为基础，最高

1　斯太尔子爵1681年出版了《苏格兰法律制度》（*Institutions of the Law of Scotland*）。

法院在 1560 年成为最高民事法庭，在 1600 年成为一个比英格兰更有保障的司法部，一个半独立的准政治实体。最高民事法院的法官是（现在仍然是）荣誉“勋爵”（Lords）。这种政治影响和法律影响在 17 世纪继续扩大，并在 18 世纪得到巩固，那时，最高民事法院可以被视为几个能代表议会的机构之一。其他几个机构是：苏格兰皇家市镇会议，虽然该会议的重要性在 1707 年前就已下降，但它直到 1975 年才被废止；苏格兰教会大会是每年的重大事件，它的社会判决、宗教宣告或“救赎”会被广泛报道，直到 20 世纪 80 年代，它还有相当大的政治影响。

虽然联合之后，最高民事法院影响很大，但上议院作为上诉法庭，其影响也日益增大：到 18 世纪 90 年代，超过三分之一的上诉事件都来自苏格兰。1808 年最高民事法院改革——法院被分解，并引入了陪审团裁判制——标志着苏格兰法律的一个重要的变化。它先前被理解为自然法和国际法的一部分，现在很大程度上自成一体了。当涉及社会政策（包括济贫和劳工关系）时，最高法院法官制定的法律和议会的法令一样重要。

直到18世纪，权力高度下放的苏格兰国家已经广泛授权地方进行刑事审判，即便这些机构以君主的名义共同维护秩序。皇家刑事司法并不能完全延伸到地方，这种情况一直持续到1672年刑法法院重组，以及1708年集中监察的巡回法庭创建。1748年世袭领地管辖权开始实施之前，特许法院（私人手中的公共司法权限）在苏格兰一直是很常见的。一些特权法令授予封建领主以“男爵领地”或“自由王地”（后者相当于英格兰的伯爵领地），每片领地都有特殊的司法权，在自由王地中，这种权利可以扩展到各个方面，除了最重大的犯罪仍归皇室法庭负责。男爵法庭在1748年幸存下来，它们有限的功能逐渐消失，直到1948年才被废除。

苏格兰的法律体系几乎在每个方面都迥异于英格兰。令人困惑的是，法律和行政的官职和实体偶尔共享同样的名称，但功能和机运（fortunes）却迥然有异。从1609年引进一直到最近，苏格兰治安法官更多关注的是行政问题，而非司法问题；苏格兰有验尸官，但他们不会像英格兰的同伴一样检查暴死之人；苏格兰财政部很晚才形成，而且相对英格兰强大的财政部而言，它是一个更小、更有限的司法实体。尽管如此，法律的思维方式仍渗透到了社会关系和社会活动中，其程度更甚于当今社会，法律成为当时日常生活结构中一个更为常见的部分。很多我们认为应该由地方政府负责的事情都交由法庭处理了。

英格兰的郡从 16 世纪起地位开始下滑，很大程度上沦为徒有荣誉的空壳；而苏格兰的郡却在司法和行政层面越来越重要。13 世纪时，郡在全国范围内被创建，1748 年进行了广泛重组。他们，恰当地说是“郡法官”，不仅是中央政府在地方的重要代理人，还是现代司法制度的中流砥柱。郡法庭拥有民事管辖权（除非依法把这份权力给了其他法庭），这不同于英格兰的郡法庭（1847 年引入）。

中世纪的刑事司法更多是关于亲属和赔偿而非罪行本身，但从 16 世纪起，苏格兰就有了被称为“地方检察官”的公诉人，以帮助受害人或站在王权的立场提起公诉。英格兰人直到 19 世纪还依赖私人公诉。即便 19 世纪引入了职业警察，苏格兰的刑事司法体系还是和许多大陆国家一样掌握在律师手中。苏格兰警察只是搜集信息，剩下的事情都由律师以公共服务的形式承担。现代苏格兰刑事司法集中在检查总长手中，他监督服务于49个郡法院区和六大司法辖区的地方检察官。高等刑事法庭是苏格兰的最高刑事法庭。其中使用的术语也是有区别的，比如，“杀人罪”（manslaughter）在苏格兰是“应受惩罚的杀人罪”（culpable homicide）。

苏格兰历史上的刑法在方方面面看起来都比英格兰更人道，但这源于其法律的内部活力，而非某些含混不清的民族性，因为法律是塑造人们如何思考、如何行为的社会事实。比如，苏格兰历史上处理的欠债入狱案件就不像臭名昭著的狄更斯时代的英格兰那么严厉，欠债入狱是破产或“倒闭”的结果，而非起因，因此，债权人不得不付钱维持下去，而债务人可以通过放弃其资产给委托人来救自己出狱。在涉嫌犯罪的情形下提起刑事诉讼，代价昂贵，因为确保定罪要更难。其他司法体系会采用体罚或收监措施，但在苏格兰，交罚款和诉讼费是首选的惩罚手段。

严格的证据标准意味着只有一个证人是不足以

定罪的。这就解释了不列颠 1965 年废除死刑之前，苏格兰的起诉、定罪、处决（以及 1857 年前的流放）的比率为何一直很低。整个 19 世纪，英格兰、威尔士和爱尔兰的人均处决率几乎是苏格兰的三倍。苏格兰最后一次公开绞刑发生在 1868 年的邓弗里斯，最后一次司法处决是在 1963 年的阿伯丁。过多的成本考虑也意味着刑事调查的某些方面没有那么严格。调查猝死的可能性极小，20 世纪苏格兰的尸检率远低于英格兰。

民法中也有长期存在的法律差别，尤其涉及财产转移时。英格兰意义上的完全持有权在苏格兰是很难实现的，它是从国王那里获得的最纯粹的封建保有形式。在苏格兰，绝大多数地产拥有者被称为“永久租赁人”，一个永久租赁的农场或继承的农场意味着承认一种永久租期，以换取大笔固定的钱财以及随后支付的（通常非常非常少的）年租金。直到 2004 年，苏格兰的绝大多数房屋拥有者仍然不得不支付年“租赁费”。英格兰的公寓或住房绝大多数都是有地契年限的，因为人们不得不负担地租；而在苏格兰，一所公寓和一幢房屋的所有权是一样的。在苏格兰房产交易中，有约束力的契约由代表交易双方的律师签订，这种行为比英格兰要早得多。

结婚和离婚的历史也很不同。1753 年之后，英格兰不满 21 岁的人未经父母同意不得结婚。在苏格兰，他们可以结婚（现在仍然可以），而“格雷特纳格林”（Gretna Green，邓弗里斯郡）成了秘密结婚的同义词，因为在苏格兰法律中，结婚不需要牧师或民政官员，这一点直到 1940 年才有所改变。各种形式的婚姻都赋予苏格兰妇女与男性相同的财产权，但在 19 世纪之前，那些有财产的人仍比英格兰人更广泛地使用婚前协议。1858 年之前，在英格兰离婚需要经由议会通过，而在苏格兰则要容易很多。随着时间的推移，离婚制度趋于统一，但现代苏格兰法庭支持“一刀两断”的解决方案，离婚程序的结果也比英格兰更容易预测。

人们常说，英格兰法律适用于从先例中获得改进和借鉴，而苏格兰法律遵循大陆民法传统，在决定具体案件时更关心基本权利或基本原则（三段论）。然而，随着时间的流逝，苏格兰人和英格兰人的法律在理论和实践中都趋于统一，这表明（二者）自中世纪以来法律的影响一直在相互渗透。20世纪，苏格兰法律影响了英格兰的判决，反之亦然。最著名的是英格兰在民事诉讼中采用了苏格兰的过失罪或“照顾义务”的观念（1932），在刑事审判中吸取了“减轻责任”的做法（1957），苏格兰法律中关于婚内强奸的条款也被引入英格兰（1991）。英格兰的法律援助来得很晚（20世纪40年代），其基础是16世纪以来为苏格兰穷人指定律师辩护这一做法的修订版。

差异还是有的。苏格兰律师仍然承认有限的废止原则，即法律会因整个背景发生变化而失效。实际上，苏格兰法律的普遍灵活性建立在对是非的普遍理解之上，这种灵活性是一个更大范围的力量源泉。考虑到苏格兰法律精神的价值，那些坐在苏格兰法律委员会（1964年至今）重要席位上的人致力于让苏格兰法律和联合王国其他地区的法律协调一致，而非同化为英格兰模式。1989年，上议院建议英格兰重新定义谋杀罪时，苏格兰发现无须对其法律进行修补。

苏格兰法律传统的其他力量包括：法律和公正

的融合（英格兰的法律和公正是分离的，直到 1873 年高等法院的建立才改变其分离的事实，高等法院是以高等民事法院为模型而确立的）；17、18 世纪“制度”或法律原则法典化的持久价值；强大的案例法，莫里森的《高等法院判决辞典》（*Dictionary of Decisions at the Court of Session*，1811 年至今）、随后的《庭审案例》（*Session Cases*，1841 年至今），以及英格兰最接近的同等作品《英格兰报道》对民法中的案例进行了摘要概括。新的问题是处理欧盟法，相比于英格兰普通法律师（common lawyers），苏格兰法律的历史让苏格兰律师更容易处理这些问题。

自由主义、社会主义和保守主义

1707 年的苏格兰议会是非常不民主的，它的“代议制”仅仅面向政治寡头们。1707 年后选举权的情况也差不多。苏格兰在 18 世纪得到了有效管理，几乎不受伦敦干预，它因实行了一套贵族庇护制度而在英国政府中占有自己的一席之地。一套明显的政治共识得以建立和维持。

但仍然有众多不稳定的暗流。其一，苏格兰和英格兰在执行法律方面的差异性削弱了英国政府的一致性。在宗教领域，苏格兰远没有准备好接受伦敦政府早期（而且显然是开明的）为宽慰天主教使其免遭歧视而实施的立法措施。1779 年，爱丁堡和格拉斯哥发生了“反天主教”骚乱。整个英国所共享的本身就很模糊的新教主义的观点与其众多相互竞争的教派观点之间存在深刻的差异——这种分歧随着 18、19 世纪苏格兰长老派的反复分裂而不断扩大（见第二章）。关于不同社会观念的宗教分歧与关于神学和教会统治的宗教分歧一样多，这些也预示着进一步的分裂。

政治冲突同样存在。即便在给予大众选举权之前，地方决议由地方上信息灵通、关心地方社会的成员做出，地方的公职也握在他们手中，无论是在 16 世纪乡村的“农夫法”（birlaw）[1]法庭（在这个法

1　苏格兰语，由农夫就乡村事务指定的法律，形成乡村法或地方法。见 https://www.thefreedictionary.com/Birlaw。

庭上，成年男性对农耕和与公共物品相关的事情做出决定），17 世纪的“教会法庭”（像英格兰的教区委员会 —— 见第二章），18 世纪的工匠组织（行会），还是 19 世纪的社会俱乐部或工会。这些民主的、参与性机构很难与 1833 年前的寡头城镇委员会以及郡县的贵族权力兼容，直到 19 世纪 60 年代及其后的选举权改革以及 1889 年郡县代议制委员会创立，后者的权力才被削弱。

图 2　从诸如圣基尔达这样的遥远岛屿到大城市，苏格兰人都很认真地对待共同责任

那些由人口数百的众多城镇组成的乡村社会，

由于急剧的城市化，原本为它们设计的政治结构就显得过时了。

直到1832年，苏格兰议会对选举权的限制措施远多于英格兰，这激起了中产阶级的抗议浪潮。在苏格兰，选民占总人口的0.2%，而在英格兰这一比例是4%，并且苏格兰城镇选举权被局限在增选的市镇委员会；伦敦的英国议会中，爱丁堡的成员仅有33人。1832年的改革方案彻底改变了苏格兰的选举权。英格兰的选举率在1832年前的基础上增加了80%，而苏格兰的改变巨大，增加了1400%，苏格兰成年男性的选举率达到了13%。到1867年，苏格兰和英格兰人口中，男性能够投票的比率相当，大约是三分之一，而到了1884年，整个英国的选举权已平均化。然而，家内仆人、儿子、兵营的士兵以及那些没交税的人没有选举权，所谓“不交税者无代表权”。总的说来，1911年仍然有40%的男性是未登记在册的。女人则要等到1918年才能参与投票。

选举权的趋同掩盖了苏格兰和英格兰看似平行但实际上截然不同的政治史。值得注意的是，1832

到 1914 年间苏格兰自由主义的持久影响，这股力量集中体现在英国首相格拉斯顿在中洛锡安的竞选演讲（1879）中；而长期以来，英格兰更偏向保守。自由主义源于 17 世纪以“辉格党”著称的新教徒、宪政主义者和法制主义者的政治趋势。它在 19 世纪的政治基调是民主、平等主义、民族主义，但它也代表自由贸易、自救、节制，以及通过教育改善状况。

另外，1707 年的联合让苏格兰可以控制其主要社会机构：法律、教会和教育。这些特殊的苏格兰机构为“联合主义者的民族主义”的双重效忠提供了持久的基础，1832 到 1885 年间，大法官负责的苏格兰立法工作转移到重新设立的苏格兰大臣手中时，这种“民族主义”得以强化。1885 年，苏格兰事务部的创建，在行政方面为再度盛行的民族主义情感提供了一种纾解方案，并把这种情感引导到英国政治结构和联合主义的框架中。1926 年，随着苏格兰事务部的权力越来越大，事务部的领导被提升为“苏格兰国务大臣”，位列内阁。这一职位臻至巅峰是在汤姆·约翰斯通任职期间（1941 — 1945）。约翰斯通是一位有大格局、有才干的政治家，他在

1943 年创建了苏格兰北部水电局，并说服丘吉尔创建苏格兰国务委员会和工业委员会。在约翰斯通当政期间，《贝弗里奇报告》（*The Beveridge Report*，1942）[1] 承诺将英国建成一个福利国家。1999 年以前，苏格兰事务部监管绝大多数苏格兰政府部门，而现在，它的大多数功能由苏格兰行政院来实现。

地方政府在 19 世纪也有很大改变，它允许更多选举人更直接地参与政治。改革后的自治市镇议会（1833）是地方和宗教独立的中心。苏格兰的城市中，地方政府由公民个人构成，他们由同胞选举产生，担任兼职或固定期限的公职，并直接对他们的居民同胞负责。18 ~ 36 名经济独立的人士组成独特的苏格兰“警政委员会”来管理城市，他们有增税权，其职权包括环境、健康、秩序，范围比现在所

1　《贝弗里奇报告》，*The Beveridge Report*，发表于 1942 年 11 月，由英国著名经济学家威廉·贝弗里奇编写。此报告在第二次世界大战期间工党和保守党达成“贵族义务”和“共识政治”（collectivist consensus）的背景下应运而生，设计了一整套“从摇篮到坟墓”的公民社会福利制度，为全英国所有公民提供了医疗、就业、养老和其他福利保障。见 https://zh.wikipedia.org/wiki/。

谓的“警察”（警察部队）要广泛。19 世纪的“警察”实际上意味着“社会警政治安”，其职权范围包括健康、路政、清洁、照明、污水排放（包括提供公共便利设施）、供水和燃气，屠宰场以及消防——虽有这个名称，但消防部门很少——所有这些都由地方的郡法官监理。

在 19 世纪的苏格兰，公众就地方政府的问题进行了积极活跃的争论，这是民众广泛参与公民社会的部分体现。作为有共同价值观和目标的非强制性集体行为的舞台，公民社会有很多空间、行动者和机构，它们根据形式、自治和拥有权力的程度不同而有所变化，公民社会在“社会”与“个人”、国家和家庭中间斡旋。在公民社会内，所有成员，无论个人还是群体，他们的合法主张都得到了一致确认。其基础在于基督教的慈善，这种慈善被理解为互相尊重或和睦友好，而非简单的仁爱。文艺复兴时期的公民人文主义观与此相结合，也强调人们在追求“公共财富”时所需要共同承担的义务。

公民社会非常重要，部分原因在于苏格兰缺乏英格兰那样的“国家传统”，苏格兰人民深深植根于志愿主义，即便在 19 世纪，也不习惯被中央政府的官僚机构严密控制。苏格兰的政治体系仰仗地方治安官和地方代表，其行政官员更多的是直接对地方而非对中央负责，这一点尤甚于英格兰。像城市医疗卫生官员这样的人物，他们制定的政策从基层出发，他们有相当独立的权力，但他们的工作牢牢地以公共服务为中心。即便在 1989 年郡政府改革之前，他们仍然有机会参与制定重要的决议，尤其是 1873 年创建的民选教育董事会以及 1918 至 1929 年接替这一董事会的教育当局，他们还第一次将妇女纳入其中。

传统上，苏格兰的公民社会拥有实现其目标的财政机制。自治市镇在财政方面具有灵活性，它们有权通过立法来适应不断变化的需求，使其能够征收额外的税收，譬如对啤酒销售额外征税。有些法案为了某些特殊目的而征税：格林诺克在 18 世纪中期建造新港口时用的就是啤酒税，爱丁堡动用其他税收修建教堂、资助大学法学教席。很多城市也有共同基金和收入，它们一般被当作“公共物品”，从法律上来说，它们必须用于集体需要。这就为促进从俱乐部、福利计划到市政史、市政建筑这样广泛的个人活动和公共利益提供了社会红利。家庭、社区及其隐含的地方性的重要意义，体现在 18、19 世纪苏格兰保留下来的墓志铭中。

政治和社会生活本质上的地方性，明显地体现在英国制定的与苏格兰相关的法律中。1707 年联合之后，立法不得不在成为“法案”之前表明“（苏格兰适用）”，否则该法案将不适用于苏格兰。1707 年之后，苏格兰立法总量下降了 85%，但地方立法量仅下降 30%，这表明苏格兰的代表们把他们的时间花在了影响具体城市或具体区域的问题上——明确将苏格兰法律和宗教置于英国议会之外。只有在经济政策领域，他们才继续通过苏格兰议会促进国家增长：例如，自 18 世纪 40 年代以来对亚麻行业实施的保护和奖励措施。

很多政治活动都是地方上的，但也有全国性的运动。尽管 19 世纪初期的政治变革主要受中产阶级的驱动，但在这一整个世纪中，工人阶级在政治方面日趋一致。以 1892 年建立的妇女合作协会为例，工人阶级的自救传统体现在有组织的政治政党形式。1888 年，矿工詹姆斯·凯尔·哈迪（James Keir

Hardie）建立了苏格兰工党，该党于1893年与英格兰独立工党合并。由于选举权改革和自由主义对爱尔兰大分裂的推波助澜，1922年，29名工党议员当选苏格兰议员（苏格兰议席总共72席）。1924年，来自洛西茅斯（马里郡）的詹姆斯·拉姆齐·麦克唐纳德成为英国第一位工党首相。他试图让他的政党更温和，以便让那些被新兴、充满凝聚力的工人阶级政治所吓坏的中产阶级接受工党，麦克唐纳德于1929至1935年引领了一场新保守主义执政统治，却在1931年被自己的工党赶下台。

1922年（工党）的成功给苏格兰带来了一个社会主义的名声，但这只是苏格兰更古老的激进传统的新版本而已。19世纪的政治情结是偏向辉格党的，或者说，从1859年起，自由党和工党源于伦理上的左翼自由主义（ethical, left-wing Liberalism），而非马克思主义。这些激进的观念通常归因于美洲革命和法国大革命的影响，并在18世纪90年代、19世纪20年代和40年代成为激进主义的标志。实际上，工人阶级的抗议和更广泛的抵制不公正统治的理论，既源于世俗观念，也源于宗教上的平等主义，这些观念在现代革命来临之前就已经长期存在了。苏格兰人的观念预示着全世界的重大变革。

第一次世界大战期间，格拉斯哥人民掀起数次成功的租金罢工，组织劳工抗议资本主义剥削和贫困的生活水平。然而，像约翰·麦克林这样真正的社会主义者、马克思主义反战者、格拉斯哥布尔什维克革命的重要推动者，他们在自己那个时代并没有像后来一样，被当作偶像对待。的确，“左”倾传统比真正的“红色”苏格兰社会主义党更能代表苏格兰现代政治的主流。

无论其社会主义的名声如何，其糟糕的劳资关系的名声如何，20 世纪的苏格兰既是保守主义的，也是联合主义的。保守主义与联合主义的这一联系始于 1886 年。当时，格拉斯顿推动爱尔兰自治（英联邦内的自治）的努力失败了，自由联合主义从自由主义主流中分裂出来，转而与保守主义者联盟。实际上，联合主义主导了 20 世纪苏格兰的政治，其根源在于对帝国、汉诺威王朝、韦廷或萨克森 – 柯堡 – 哥达王朝（1917 年改名为温莎王朝）由来已久、根深蒂固的忠诚。在布尔战争的爱国主义浪潮中，保守主义者赢得了20世纪第一次大选的多数席位；1910至1918年，他们在苏格兰的席位从7个增加到32个；20世纪20年代，自由党急剧败退，形成的两党政治（保守党和劳工党）主宰了20世纪英国政治的局面。

1910年和1955年，保守主义者获得了36个苏格兰席位，当时，他们获得了苏格兰一半以上的选票（1910和1955年之间，他们做得不太好）；20世纪六七十年代，随着民族主义的发展，保守主义才开始长期衰落；接着，20世纪90年代产生了重新凝聚、重新塑造的工党（“新工党”）。爱德华·希思担任首相期间（1970—1974），选举率急剧下滑，因为希思不仅造成了严重的经济问题，而且不幸地将傲慢与冷漠结合在一起，而苏格兰人长期以来一直感受着英格兰人对他们的漠视。不过，恰是在玛格丽特·撒切尔（1979—1990年任首相）和约翰·梅杰（1990—1997年任首相）当政期间，他们彻底扼杀了苏格兰对保守主义的支持。1987年，选民们开始废黜保守党；到1997年，苏格兰（和威尔士）大选中一名保守党议员都没有了；2008年，苏格兰的59名议员中仅有一名是保守党。

NEMO · ME · IMPUNE · LACESSIT

SCOTTISH LABOUR PARTY

I hereby oblige myself
to conform to the principles
and programme of the
SCOTTISH LABOUR PARTY,
whereof I have this day
been admitted a member

Signed

This day of 189

NO · MONOPOLY

NO · PRIVELEGE

J. KEIR HARDIE

R.B. CUNNINGHAME GRAHAM M.P.

NO · NOBLE · TASK · WAS · EVER · EASY

图 3　自维多利亚时代以来，苏格兰就以左翼政治闻名

民族主义

自 1965 年以来，苏格兰保守党形式上被称为“苏格兰保守党和联合政党”。工党嘴上支持苏格兰民族主义，其实背后更赞成联合，1958 年以后这一倾向更明显了。现代分权的驱动力是苏格兰民族党（SNP，从 1934 年起就是这个名称）。苏格兰民族党诞生于 1928 年，它促使苏格兰事务部于 1939 年迁移到爱丁堡的圣安德鲁宫，这不过是联合主义

者的一种空泛的姿态而已，苏格兰民族党最重大的胜利是 1967 年从工党手中赢得了汉密尔顿选区的议会席位。20 世纪 70 年代，苏格兰民族党成为一支重要的力量，于 1973 年斩获格拉斯哥加文选区，他们通过将国际资本主义的尖锐问题转化为民族主义问题，进而在 1974 年大选中获得了三分之一的选票。针对上克莱德河造船联合工厂的清算和 1973 至 1974 年石油危机的余波，苏格兰民族党遇到了一个新的情感问题：谁从新开发的北海石油财富中获利。（事实证明，得克萨斯获得的好处要比苏格兰多。）

苏格兰民族党的出现让伦敦政府警觉起来，它为社会基础设施、就业计划寻求基金资助（花在苏格兰的费用比英格兰平均高出 20%），不过它没能独立，其部分原因在于 1979 年工党政府发起的全民公决。全民公决明确规定：全体选民中 40% 的选民投“赞成”票，提案方可通过。这几乎是不可能的，因为在 20 世纪，英国政府只有为数不多的几届政府获得了多数选票。

1999 年，苏格兰的分权有积极和消极两个方面的原因。玛格丽特・撒切尔和约翰・梅杰执政时期的社会和经济政策产生了反作用。1984 年那场引起巨大分裂的矿工罢工极大地疏远了苏格兰人。在苏格兰保守党国务大臣乔治·杨格的煽动下，苏格兰比英格兰早一年（1988）引入了灾难性的社区收费或“人头税”试验，情况变得复杂起来。苏格兰人觉得他们的资产被剥夺了：不仅仅是石油，还有像联合蒸馏厂这样的旗舰公司。1986 年，苏格兰的蒸馏厂在晦暗不明的环境中被健力士酒厂接管。

真正开放市场的资本主义摧毁了苏格兰工业中所剩无几的行业，导致 15% 的失业率以及众多令人大跌眼镜的行业崩溃 —— 加特科什的钢铁业、林伍德的汽车制造业、因弗戈登的铝制造业 —— 与此同时，英国天然气和英国电信这样的主要雇佣企业也在大幅裁员。人民不再相信这个国家，他们开始意识到最好采取措施直接对付多国资本以及日益重要的欧洲经济共同体（现在的欧盟），正如爱尔兰人所做的那样。

不过，这里还涉及一个原则。1979 年的大选中，苏格兰人对保守党的支持在上升，人民也想要稳定繁荣 —— 他们和英格兰人一样乐于购买地方政府的出租房 —— 但几个世纪以来，“新右派”保守主义都与构成苏格兰社会基础的道德伦理、社会层面的民主理念起了冲突。电子信息和通信革命强化了由来已久的志愿社团，苏格兰人用这一点重新发现了他们的公民社会。正是这些理念和社团成为当前苏格兰成功分权的支柱。

1999 年 7 月 1 日，苏格兰议会分立，在某些人看来是重新恢复或重新启动。1707 年被合并之前的半个世纪里，苏格兰议会制定了不列颠三分之二的法律，但其中四分之三的法案是“私法”。苏格兰人很珍视 1707 年之前的议会，因为它具有调停国王和某些既得利益者（高级教士、皇家市镇专员和贵族的集会，因为没有第二个议会[1]）的作用。伦敦议会对英格兰的意义在于：它是国家存在的脉搏，是所有人利益最重要的守护者；而在苏格兰看来，伦敦议会从来不是如此。习惯权利和议会主权约束了贵族和国王，进而保护了“自由”，对英格兰来说，这一观念有着深厚的宪法维度，它也是《大宪章》（1215）、《权利请愿书》（1628）、《权利法

1　与英格兰议会不同，苏格兰议会不分上议院和下议院。

案》（1689）的核心思想。

苏格兰人没有持续的、入侵性的王权，所以他们不需要一部《大宪章》，即便亚历山大二世支持英格兰北部的男爵们向王权施加限制，即便《大宪章》的保护延伸到苏格兰人身上（在其成文法意义上，《大宪章》不适用于威尔士或苏格兰）。而且，《阿布罗斯宣言》中有一条隐晦的提示说，如果国王不能保护他的臣民，他们可以支持一位更好的保护者并合法地废黜国王，在此之前和之后，国王的守护者们可以合法代表那些不中用的国王——即便是成人国王。威廉·华莱士就是这样一位守护者。后来，苏格兰的贵族向人们显示了，他们可以无情地排挤那些令他们不快的人——玛丽·查理一世以及（一度是）查理二世，这种行为在一定程度上是基于分享权力可以维持好的统治的古老理念，在更现代的宗教观念中就是反抗暴君。

事实上，苏格兰现在拥有的现代议会（苏格兰为此感到自豪是合情合理的）是英格兰风格的复制品，而非古代议会的修复品，而且，它更好地展现了三个世纪的联合如何改变了苏格兰人思考代议制的方式。虽然苏格兰议会只有一个内阁，但和1707年前的议会一样，它还是表现出了创造性的适应能力，在选举议员时，它运用的是欧洲的比例代表制，而非英国议会的简单最高票当选制度。相比威斯敏斯特的“熊坑”（bear pit[1]，正如英国议会通常被人们称呼的那样），苏格兰议会的基调更亲密、更不正式，其对抗更富有建设意义。

今天，只有不到五分之二的选民支持独立，支持联合的党派数量在威斯敏斯特和荷里路德宫都占优势（爱丁堡新建的苏格兰议会大厦紧邻中世纪的荷里路德皇家宫殿）。威斯敏斯特的59名苏格兰议员中只有7名是苏格兰民族党。但独立不是死问题。2008年，苏格兰有了第一位苏格兰民族党首相，阿历克斯·萨尔蒙德（Alex Salmond，联合王国现在保留着这位首相的头衔），129名苏格兰议员中有47名是苏格兰民族党。现在，苏格兰民族党拥护一种成熟的、反思性的、建设性的、有广泛基础的公民民族主义，他们大度地摆脱了20世纪70年

1 bear pit，具有攻击性的政治舞台。

代咄咄逼人的苏格兰格子情结，那时，大多数苏格兰民族党的支持者都（对独立）持反对票。或许，1979 年没有分权是件好事，因为那时的氛围远比 20 年后的更消极，或许还不太现实。

图 4　重新启动的苏格兰议会（1999）。向东看，我们能看到爱丁堡高街的游行队伍

1975 年以来，地方政府的合作之声来自“苏格兰地方当局会议”，即 COSLA，它为 32 个地方当局的 1222 名选举代表发声。公民社会的各种机构为政治代表和政治参与提供了渠道，它们同时也为社会和文化发展发声：其中最重要的机构是苏格兰教会、苏格兰工会、苏格兰志愿组织理事会。

现代苏格兰不是完全独立的。苏格兰行政院制定并落实经济、环境、住房、交通、法律和秩序等“分权事务”的政策，在这些事务上，苏格兰议会可以制定法律。然而对“保留性事务”，诸如国防或任何外交政策方面的事务，包括和欧盟的正式关系，议会只能讨论却不能立法。这些只有威斯敏斯特才能决定。

一个重要的反常现象是苏格兰在联合王国有两次代表权，分别是荷里路德的苏格兰议员和威斯敏斯特的英国议员（以及欧洲的 7 名欧盟议员）。这是维护联合的必要妥协，但并不受英格兰欢迎，因为英格兰人讨厌苏格兰议员可以在只对英格兰有影响的问题上投票，而英格兰议员却不能在有关苏格兰类似的问题上投票。一些英格兰人还抱怨他们是在以贿赂的方式拉拢苏格兰，尽管问题在于明确谁创造财富、谁拥有资源。与其为钱从哪里来争吵不休，不如看看钱都用到哪里去了，苏格兰议会关于健康医疗和教育（以及其他方面）的政策就是很好的例子。

| 第二章 |

宗教

02

前基督教时代的信仰

大约在公元 2 世纪，基督教跟随罗马人抵达苏格兰，不过它进入的可不是一片精神荒漠。那些矗立在卡拉尼什（Callanish，刘易斯岛）的巨石阵，还有麦豪石墓（Maes Howe，奥克尼郡），都可以追溯到埃及金字塔时期（前 3000 — 前 2000）。这些都暗示着苏格兰是一个成熟的社会，它可以组织人民劳动，榨取其剩余价值以供养宗教精英和世俗精英，并在精确计算的天文排列的基础上举行复杂（如果现在还不清楚的话）的仪式。在苏格兰东部和南部，遍地是小小的“土冢”或“石冢”，这些都暗含着对祖先的敬意，可能还有对家族或部落领地创建者的敬意。古代苏格兰人更谦恭的行为是，将盛满饮料的器皿与死者一起埋葬，这同样表明石器时代的人民对来世有自己的见解，这继而转变成了一种宗教。公元前 2500 年，他们开始单独埋葬死者。在青铜时代的南尤伊斯岛（South Uist，外赫布里底群岛中的一个岛屿）上，那些被处理成木乃伊的尸体也说明他们有来世的意识，以及高度发达的祖先观念。到了铁器时代，人们把金属加工视为超自然的力量，并将这项活动与献祭、宴请，可能还有活人祭祀混合在一起，作为占卜预言的辅助（麦豪，奥克尼郡）。尽管巨石阵、火坑以及偶尔发现的生育象征符号显示出了人们对轮回转世的关切，但对于他们如何看待宗教对活人的影响，这一点尚不清楚，因为绝大多数对生命的认识都来自为死者竖立的更永久的纪念碑，以及围绕死者举行的各种宗教仪式。

早期教会

基督教由低地的布立吞人和爱尔兰的苏格兰人传播给了皮克特人，这一传播过程始于公元 5 世纪的神秘传教士，并在公元 6 世纪由一位更确定的人物圣科伦巴（St Columba）继续传播。沿着东海岸从斯特拉森（Strathearn，珀斯郡）一直延伸到凯瑟尼斯（Caithness），人们在这一带发掘出了公元 700 年到 900 年间的皮克特巨石阵（Pictish standing stones）。这些雕刻复杂而又神秘的巨石阵清晰地表明，它们代表的不是世俗意象或异教偶像，而是再现了源于经文和泥金装饰手抄本的基督教象征符号。这些巨石阵（以及相同风格的金属制品）在实现方式上成熟而富有意义，这标志着皮克特人已融入基督教欧洲的主流。它们表现出一种强大的形象化神学：公元 700 年林德斯法恩圣岛的《福音书》（*Lindisfarne Gospels*）是其最著名的范例，这表明诺森布里亚的基督教很好地混合了凯尔特人、盎格鲁 – 撒克逊人和罗马人的元素；公元 800 年形成了爱尔兰《凯尔经》；10 世纪形成了《狄尔经》，这部由狄尔的僧侣汇编的绘图版《福音书》，其依据是爱尔兰《凯尔经》的模板（公元 600 年发现于阿伯丁郡）及其后来盖尔语的批注本。

图 5　这座屹立在艾拉岛的著名的“直立十字架”，顶部雕刻着一名处女和一个孩子，代表着在不列颠北部和爱尔兰发现的各种不同基督教的融合

即便奥古斯丁有统一教会的愿景，但从公元 7 世纪起基督教就形成了截然不同的分支，其中最具标志性的是关于复活节日期的激烈争论。苏格兰最初将复活节和圣科伦巴联系起来，接着在公元 8 世纪又和圣彼得联系起来，这一点要归功于它与诺森布里亚更紧密的联系。从根本上说，从公元 9 世纪起，由于圣安德鲁的胜利，凯尔特基督教比罗马基督教更流行。公元 664 年，惠特比宗教会议之后，诺森布里亚王国倾向于圣彼得。圣彼得是约克大主教区的保护神。公元 995 年，杜伦造了一座神殿，巩固了林德斯法恩的圣卡斯伯特（St Cuthbert）和西撒克逊国王们的联合，并赋予“英格兰”统治以强大的宗教意义，而英格兰因将土地和特权慷慨赠予（后来成为）达勒姆的帕拉蒂尼（Palatinate）大主教而强化了其统治。随着卡拉姆战役的失败（1018），诺森布里亚王国的宗教和政治中心都向南迁移。

马尔科姆三世的英格兰妻子（圣）玛格丽特，凭借自己的实力而成为政治上的重要人物（于 1093 年去世，1251 年被封为“圣徒”），进一步促进了苏格兰宗教实践的同质化，扩大了教会的管理范围。1100 年，苏格兰开始出现教区，在此之前很长一段时间则是“邦国”（state）。教会等级和政府有利于苏格兰的统一，虽然这种统一是在一个超越国家之上的教会之内实现的。直到詹姆斯六世统治时期，民政官僚机构才与教会机构平起平坐。不列颠（换言之，甚至整个泛欧洲）的宗教认同从圣科伦巴时期的苏格兰开始就与兴盛的修道院传统融合，但是早期重要的修道院往往有皇家基础（不同于爱尔兰），像邓凯尔德修道院。12 世纪，与世俗权力结盟的修道院，其数量的增长在大本笃会修道院和西多会修道院时期达到巅峰，修道院向北延伸到金洛斯（Kinloss）和普拉斯卡登（Pluscarden，马里郡），向西延伸到爱奥纳，并成为具有政治、经济、行政和文化以及宗教意义的强大机构。而且，这些修道院中的三分之二都有王室基础：它们像当时的城堡一样，是用来控制地区的手段。从 1192 年开始，教皇支持苏格兰教会（罗马教廷的“特别的女儿”）的独立，而当时的威尔士教区仍然依附于坎特伯雷。

国王、贵族、高级教士结成紧密的同盟（有时还有亲缘关系），交换政治保护，促进对统治者合法性的精神崇拜。圣安德鲁只是少数人的崇拜偶像，它可能是从诺森布里亚的修道院中心赫克瑟姆引入圣安德鲁斯（法夫）的。公元 9 世纪时，圣安德鲁被一位皮克特国王提升到几乎是国家地位的层面上，古皮克特人首府珀斯郡的“弗特维拱门”（Forteviot Arch）[1] 纪念了这种进展。古代教堂作为王室教堂被修建或摧毁，公元 800 到 1100 年，教会的经济需求不得不服从于与挪威人打仗的国王们。不过，教俗纽带仍然被保留了下来。12 世纪，国王支持教会从往往不情愿缴税的平信徒手中征收什一税。从黑暗时代开始，随着时间的推移，君主继续保持与教会的成功联盟，并确认自己是地方上的圣人，诸如尼尼安（加洛韦）或杜萨（罗斯），这一过程提高了他们君主地位的权威性和合法性，同时也标志着对地方利益的尊重，而这一尊重是政治成就的核心。

1　Forteviot Arch，是一道独特的单拱门，1832 年发现于梅河水域，现存于爱丁堡的苏格兰国家博物馆。这道拱门表明弗特维有气势恢宏的石制教堂，可能修建在已有教堂的基础上（为了纪念圣安德鲁）。见 https://serfexhibition.archaeology.arts.gla.ac.uk/index.php/forteviot-arch。

中世纪的天主教

中世纪的宗教在形象丰富的挂毯上融合了基督教和异教因素。15 世纪精彩绝伦的罗斯林小礼堂（一座“融合”教堂，由中洛锡安的辛克莱尔家族修建）装饰着各种雕刻，从十字架受难像或七美德、七宗罪的传统描述到更令人惊讶的形象，包括“绿人”这位异教生育象征在内的多种表象，甚至还有一位天使在吹风笛。精神信仰是民间宗教的一部分。根据凯尔特传统，苏格兰的仙子可男可女（英格兰的仙子都是女的），他们没有国王。精灵信仰往往与边缘或危险的地貌特征联系在一起，尼斯湖水怪是一个简单的例子，它是一个恶毒的水中精灵或“水妖”，渴望把人拖到它的老家。水怪与有形的水中生物关联起来始于 1933 年的一份新闻报道，该报道紧扣英国人的想象力，水怪的故事被妥善经营，最终发展为一个持久的旅游商机。

凯尔特人对水的敬意得到早期基督教传教士的认可，他们为“圣井”或“圣泉”祝祷，这些圣井或圣泉在宗教改革前夕已有 600 多个。基督教能够在苏格兰繁荣是因为它与苏格兰已有的信仰体系吻合。另一个例子是前基督教时代（pre-Christian year）的开始，夏末节（Samhuinn，10 月 31 日），被早期教会转化为一个关于死者的节日。后来高地和群岛的旅行者还提到梦境的预见力和告诫力。

中世纪晚期的苏格兰教会是基督教中一个成功的、绝对独立的基督徒世界。实际上，中世纪晚期的宗教活力说明 1560 年的新教改革远非不可避免。没有证据证明苏格兰教会比它过去一直所处的状态更糟，也没有证据证明它比欧洲其他地方的教会更缺少精神上的实际作用。苏格兰的宗教仍然生机勃勃，其证据包括：像林柯鲁登（Lincluden，位于柯库布里郡）这样的大教堂，在 15 世纪初进行了改建，还有爱丁堡牛门街上的玛格达伦小礼堂（Magdalen Chapel，宗教改革前夕刚被捐赠建造）、教友会（通常是文艺复兴时期新的城市工匠组织的宗教礼拜团体——比如，接管玛格达伦的冶金工人）、朝圣以及戏剧。（在苏格兰，人们）对异教徒（反对教会教育的人）的支持微乎其微，异教都被有效压制了。

不可否认，中世纪晚期的苏格兰教会存在结构性问题：教会财富流进贵族或精英教士的钱袋；原本用于促进教区服务的资金反而用来为上层阶级建造奢华的礼拜堂；修道院通常由“委托人”或贵族非僧侣的儿子主持。然而，这些不是宗教改革的理由。教会是个大生意，它广泛参与到世俗生活以及重要的政治事件中，但这并不必然损害它的精神功能或慈善角色。实际上，1559 年之前，绝大多数人认为天主教教会将从内部重生——正如 1545 年以来，在特伦托宗教会议精神的引导下，教会在整个欧洲开始重新壮大一样（苏格兰的第一次改革会议是在 1549 年）。然而数年之内，已繁荣千年的教会荡然无存。

宗教改革

苏格兰新教改革与英格兰类似，都起因于政治，然后非常缓慢地赢得人民的心灵和思想认可，两地改革的结局也是相似的。英格兰的宗教改革，由一位强大的国王因政治原因（很大程度上是继位问题）而发起。它的神学是温和的、中庸的，是改良版的路德教，这种源于德国的宗教强调通过信徒的信仰来获得救赎，这一点与天主教没有明显的区别。

苏格兰宗教改革后的神学是加尔文教，一种诞生于日内瓦（瑞士）的严苛教义，它强调上帝在救赎上的权利及其子民在现世生活中的义务。苏格兰的宗教改革是由革命的、反法的新教贵族（与英格兰的政治和军事援助）以及亲英格兰的加尔文教牧师（诺克斯本人长期生活在英格兰）共同促成的。贵族和牧师充分利用被削弱的君主，创建了一个激进的苏格兰教会，教会本身逐渐成为一支强大的政治力量，成为社会变革的积极代言人。

1530 到 1660 年间，英格兰不断变化的宗教政策，造成了宗教改革的起起落落；与此同时，1560 年 8 月，苏格兰采取新教信仰教义书的形式，果断决绝地终结了弥撒仪式和教皇权威，从一开始就激进地推动加尔文主义神学和长老派教会统治。即使从稍微宽泛的角度来看，“政治”改革也是在 1557 至 1567 年之间完成的。然而，从长远看，寻求确保宗教改革的成就、拓宽改革的范围具有爆炸性的政治意义。

从流放开始，诺克斯就能够在 16 世纪 50 年代中期聚合新教组织地区（洛锡安郡、法夫、艾尔郡以及安格斯）的支持，与同情新教、不满法国主宰苏格兰外交政策和国内政治生活的贵族保持联系。1559 年，诺克斯充满激情的布道引发了贵族对玛丽女王的反叛，这场反叛正是以新教主义和爱国主义的结合为基础的。不过，与模糊不定的背景和 16 世纪六七十年代的内战相反，新教缓慢地传播到了爱丁堡、珀斯、圣安德鲁斯等特定城镇，一场以乡村和城市广泛接受和推动新教为基础的“人民的宗教改革”直到 17 世纪 20 年代才开始。那时，詹姆斯六世（詹姆斯一世，他是新教徒，但本质上仍是一位掌权者）重新引入了主教（1610）。为了支持1592年的长老派组织，主教们被停职，但没有被废除，而苏格兰教会仍然在议会中占有一席之地。此后，教会法庭和长老派教会在全国范围内创建起来。

长老派教会的统治在组织上具有参与性（甚至可能是民主的）。由牧师和非教会的候补长老组成的教区教会法庭派代表到长老会，反过来，长老会由各代表出席教会会议，并组成最高的总会议。自亨利八世（1509—1547年在位）以来，英格兰教会的首领就是君主本人。相反，苏格兰教会的临时首领曾是、现在也是一位选举而出的官员，他被称为“总会议委托人”（Moderator of the General Assembly）。君主会派一位观察员即高级专员大人（the Lord High Commissioner）作为他在苏格兰教会的代表，其地位相当于一位普通成员，如果他出席会议，则会作为受邀嘉宾（虽然1584年之后的一段时间主张观察员应享有皇室至高无上的地位）。1690年之前，苏格兰教会组织因政治变动而起伏不定：1584至1592年、1610至1638年、1661至1690年，这几段时间实行主教制，中间几段间隔时间则实行长老制，但主教和长老们都同时存在。政治上，苏格兰教会和英格兰教会没什么不同，后者将长老制归为一个宗教“异端”。

改革后的苏格兰教会神学，还是不同于都铎时期英格兰教会温和的路德主义以及斯图亚特王朝时期秘密天主教的各种表现。苏格兰神学在教义上是加尔文主义（英格兰人称他们教会中的这个团体为“清教徒”），加尔文主义是一套更严苛的信仰体系，其标志是教会家具简朴，仪式上集中在牧师的上帝之言。圣餐仪式是苏格兰教会唯一的圣礼；这一仪式并不经常举行，而且也有很多差异。苏格兰的加尔文教不赞成替人出殡（这一点一直没有得到教会的广泛认可，直到 1897 年才有所改观）。最不相同的是，加尔文教徒相信预定论：人生来就是选民（将被救赎）或被抛弃者（将被诅咒），但他们不知道自己是哪一个，也不能改变他们自己的命运，他们必须终生致力于荣耀上帝，以配得上他的恩典。

从社会层面来说，加尔文主义的影响也是不同的。宗教改革之后的苏格兰给人的印象是阴沉无趣的，道德戒律和强制安息日减少了与圣诞节、复活节和诸圣日相关的节日。然而，保留安息日的倡议实际上源于11世纪。即便在宗教改革之后，面对官方的反对，民间的狂欢仍然在继续。像珀斯这种加尔文教重镇的面包师们还是继续庆祝他们的守护神圣日；耶鲁节（完全是一个异教节日）仍然举行了好几个星期的狂欢；传统的五旬节（May）和仲夏宴会一直持续到17世纪20年代。当时，教会的长老们宽容这些活动，以换取罚款，此举非常有效，这相当于为了穷人利益而征收娱乐税。简朴的加尔文葬礼仪式也因传统风俗而有所缓和。

总之，宗教改革并没有创造一片阴沉（呆板）的土地，而是让各个方面的民间节日融入加尔文教的情感，以追求信仰、戒律和秩序的改进。实际上，和早期基督教一样，加尔文教的成功取决于向既有形式和信仰妥协，进而创造出一种新的、多样化的新教文化，包括节令性仪式、宗教仪式、服装、节日和歌曲。

加尔文主义的胜利也有比较黑暗的一面，苏格兰教会的建立就是源于1590年后的一个世纪里的猎巫活动。苏格兰的猎巫疯狂造成的处决率是英格兰人均的12倍还多，论其迫害程度只有德国比苏格兰更严重。苏格兰审判的折磨非比寻常，这种审判权力被牢牢控制在中央法律机构手中。猎巫不是直接狩猎妇女，但绝大多数被控诉、被处决的巫师都是女性，因为人们认为女人的“脉搏更弱”，更容易被魔鬼欺骗。最后一名巫师被处决的时间迟至1727年。

后改革时代的宗教和政治

教会偶尔徘徊不定、偶尔杂乱无章的进程，某种程度上是因为它不得不让自己适应民间的态度，某种程度上是因为它的存在取决于政治。教会最初对政治的依赖性是物质上的。亨利八世操纵了英格兰的宗教改革。1530年，他解散了修道院，并从中得到了绝大多数直接的经济利益和捐赠财富。詹姆斯五世也充分利用了教皇赋予他为空缺主教提名的权力，并为他的六名私生子获取了六座修道院的资产，他还对教会征收重税，不过并未持续太久。约翰·诺克斯希望摧毁教会从而建设一个改良过的共和国，但贵族操控的宗教改革让教会财富很大部分都进了他们自己的口袋。直到今天，他们的子孙后代仍然拥有以前教会的土地，但现在，苏格兰教会作为地主的意义远不如英格兰教会重要。

为了保护和改善自己，教会成立了一个强大的、果断的、组织良好的游说团，开始“进行改革”。然而，改革分成了两个派别。一个派别以知识分子安德鲁·麦尔维尔（Andrew Melville，1545 — 1622）为首，他是加尔文主义者、牧师，热衷于“强制虔诚”，对王室保持警惕；另一位领袖则是詹姆斯六世的御用老师——乔治·布坎南（George Buchanan，1506 — 1582），他认为最高权威不是国王，而是教会总会议。另一个是由国家主导的、反教士的、在神学上更为分散的派别。总而言之，这是一场真正激进的改革。两国共戴一君之时，一些人希望苏格兰和英格兰的人民能够像以色列的部落一样，“敬拜一位上帝，一起到耶路撒冷朝圣”，但这是绝不可能的。

教会照料穷人，创建新的法庭网络来规训地方社区，由此逐渐腐蚀了社会关系。这一进程的受害者是亲属关系和贵族权力。从17世纪中期开始，教会权力臻至巅峰。从那时起，它就致力于发展这片土地上的公共权威观。然而，在这一过程中，教会恰恰容易与世俗权力冲突，直到1690年，教会（Kirk）才成为“依法建立”的苏格兰教会（Church of Scotland）。

教会与政治建制相处尴尬的一个原因在于“立约”这个观念。中世纪的苏格兰人非常重视“关系纽带”的维持，这是男人之间一种正式的、公开的协议，它表示人际间的以及政治上的忠诚。约翰·诺克斯把这一关系转化为宗教领域中的“盟约”或“联盟与盟约”。所有这些关系纽带的总称就是“立约”，“立约”将参与者或“盟约者”置于传统的世俗权威之上。这是苏格兰宗教改革政治上最激进的一个方面，在整个不列颠都有深远的意义。

这一层面如何激进，17世纪30年代立见分晓。詹姆斯六世成为苏格兰的杰出国王，并作为詹姆斯一世成为英格兰的好国王，并设法包容两个独立改革的内涵。查理一世缺乏其父的政治觉悟，让这二者不断发生冲突。他经历了两次加冕，一次是1626年在威斯敏斯特宫，另一次是1633年在荷里路德宫。苏格兰人对于一位成年君主在加冕礼上应该做什么没有清晰的认知，因为自 1406 年以来就再也没见过这事儿。查理即兴表演，郑重下跪。这是一个明显的毫无意义的细节，却是关于英国君主制教会的精心设计的表达，它不是什么可怕的失误，因为它让人想起圣公会教徒（以及严格意义上从 1617 年或 1618 年以来的苏格兰人）不得不在圣餐仪式上进行的下跪仪式。而且，查理让他的主教们穿着看上去像天主教的衣袍，而他则洒上香水，涂上香膏，并为在这个特殊场合送上的铃铛添加香气（加尔文教徒对这些愉悦感官的装饰深恶痛绝）。

查理在挥霍 1625 年继位以来人们对他仅剩的忠诚，他继续提高主教的权力，并颁布了一部新的祝祷书，同时也让这个政治意义上的国家对它的社会特权和物质特权焦虑不安。1638 年发生了一场公开的叛乱，人们签订了一份国家盟约，抵制查理的新举措。不到一年就形成了一个事实上的贵族共和国，它继续冷酷无情地摧毁王室权力。由此开始了众所周知的“三国混战”。苏格兰人拉开了查理垮台的帷幕；在接下来的 10 年里，他们缔结盟约的观念为整个不列颠的武装抵抗奠定了基调。

1637至1638年和1651年，这段时期，出现了由英格兰、威尔士、苏格兰和爱尔兰聚合而成的王朝所形成的混合君主制问题，以及协调这些地区大相径庭的宗教改革所难以逾越的困难。英格兰的教会是全国性的，但必然包含着妥协和模棱两可。苏格兰教会的目标是只凝聚那些遵循其字面上的明确路线的人。苏格兰的革命强迫圣公会教徒对抗他们舒服的住所，并认识它们的政治含义。17世纪40年代，贵族和教会在最初致力于保护苏格兰改革的一场关键性运动中要弄了国王（正如国王要弄他们一样）。因为若没有政治结构的保障，宗教改革就毫无意义，对稳定性的追求终结于争夺不列颠控制权的战争。

国王在苏格兰的惨败让英格兰反对查理政策的对手们士气倍增。在11年的个人统治之后，查理不得不召开议会。1641年，爱尔兰发动叛乱，国王被苏格兰人打败后，在日益焦虑不安的氛围中不得不逃离伦敦。军事上的运气时好时坏，直到1645年，王室军队在纳斯比（北安普敦）战役中被彻底击败。查理一如既往，两面三刀，他试图和苏格兰贵族及王室盟约者——所谓的“订约者”进行谈判，但1648年，这一联盟也被打败了。17世纪四五十年代，苏格兰和英格兰（以及爱尔兰）的宗教、军事和政治历史纠缠不清，无法解决。

1649年，查理一世被处决，他的儿子不得不和苏格兰人谈判。1643年，查理二世签订了国家盟约，神圣同盟和盟约者形成。1651年新年第一天，查理二世在斯康加冕，让奥利弗·克伦威尔挑起了入侵苏格兰的战争。克伦威尔把自己看作苏格兰的解放者，而不是征服者。他的统治在苏格兰人的记忆中不如爱尔兰人那样痛苦。1654年，克伦威尔第一次真正统治了不列颠群岛。

也许查理二世还记得一星半点的盟约，但他在1660年登上王位之时，并没有表现出来。他得到苏格兰贵族的援助，因为贵族想恢复他们的权力；1660年复辟的君主制给苏格兰带来的变化比英格兰更剧烈。长老教的政治地位卑微，1662年，三分之一的牧师被驱逐出境。

盟约者的余党深信他们的正义，这在某种程度上比他们英格兰的异教同伴更危险；他们与国内和流亡在荷兰的政治宗教机构都发生了激烈的冲突。1685 年，一个不甘心的新教傀儡，即第九代阿盖尔公爵，发起了一场反对詹姆斯七世（詹姆斯二世）的起义。虽然内部分歧彻底削弱了这场起义，但盟约者们最终设计出的不是英格兰的“光荣革命”这样和平的表面文章，而是暴力的、报复性的、派系性的回应：1690 年，长老教重新回到苏格兰。宗教气氛剑拔弩张。1697 年，爱丁堡一位名叫托马斯·艾肯黑德（Thomas Aikenhead）的学生成了英国唯一一个因亵渎罪而被处决的人。1707 年的联合，名义上保护了苏格兰的教会地位，但没过几年，《苏格兰主教法案》（1711）就有效地规避了这一点，该法案由高教会托利主义“把持”下的威斯敏斯特议会通过，与联合方案的保证完全相反。

主教制和天主教

《苏格兰主教法案》被一些人视为英格兰人不可

信的另一种迹象，该法案的目的是帮助主教们，因为不是所有的苏格兰人都是长老教教徒。主教制是教会组织的等级形式，通常由大主教和主教领导，其仪式和信仰更接近天主教而非加尔文主义。苏格兰的主教制教会不是圣公会，但自 19 世纪以来，它越来越接近圣公会，并且它们现在是“宗教团体”的一部分，其教会或会众偶尔会被争议性地称为“英格兰人”。苏格兰的主教制在教义上是“高教派的”，但在实践中却是“低教派的”（长期来看更接近长老派），与圣公会仍有明显的区别。譬如，1472 年，主教制被引入圣安德鲁斯，1492 年进入格拉斯哥，直到 1704 年才被废除。它也有分歧：18 世纪的主教制分裂为汉诺威派和詹姆斯派。直到今天，人们还在讨论苏格兰主教教徒和圣公会教徒之间的关系。

主教制的核心地带在低地的东北部：这是苏格兰的文化生活如何被本土化、地方化的另一个表现。新教很快成为苏格兰低地的一部分，但在高地不太流行，高地和爱尔兰一样，天主教的复兴最终竖立了一道无形的屏障，阻碍了新教传教士的努力。17 世纪初期，天主教的斗室存在于一些城镇，以（艾尔郡）埃格林顿的蒙哥马利家族、（亚伯丁郡）亨特利的戈登家族等为中心，但到1800年，广义上的罗马天主教徒数量只有3万，占160万人口的2%，而主教教徒占3%。

然而，苏格兰的现代天主教并不是中世纪缠绵不绝的残余。它固然吸取了数百年来的本地影响，但从17世纪末起就在高地和群岛的部分地区传教，19世纪传到爱尔兰，1829年消除天主教在宗教、社会和政治方面的限制后再次复兴，1878年天主教的主教制再次被引入。到19世纪70年代，高地地区连贯性的罗马天主教形成了强烈的文化认同，但其核心地带是苏格兰的中西部，在邓迪和爱丁堡。1851年，苏格兰的天主教徒是总人口的5%，到1914年，数量大约是55万，占总人口的11%。

维多利亚时代的立法使各教派的教育成为提供教育这一义务的一部分，这一机会被天主教教会抓住，用来强化其制度基础和社会基础。1918年，教会和爱尔兰志愿团体支持的天主教学校成为完全的公立学校。目前，苏格兰有418所天主教学校，大约占所有公立学校的15%，但在大格拉斯哥接受教育的小学生可能占40%。此外，公共部门还有3所主教制学校和1所犹太教学校。“默认”选项不是苏格兰教会，因为自1872年以来，公立学校一直是“非宗教的”。现在，任何宗教都没有法律上的特权。一些人认为教会学校是卓越教育的灯塔，另一些人则认为教会学校是这个寻求和解与共同认同感的社会中的分裂势力。

复兴天主教不是没有反对者。反天主教根源于宗教改革和欧洲的宗教战争时期，并一直持续到17世纪末，当时，像法国和西班牙这样的强大天主教国家确实在用武力摧毁新教。19世纪中期，天主教作为一种泛欧洲的趋势复兴了。一方面，民族主义回避超民族的团结性，越来越强大的政府对教会的财富和忠诚感到不满；另一方面，天主教利用教育、体育俱乐部这样的物质资源和文化资源，积极寻求保护和促进他们的信仰。希伯尼安足球俱乐部（Hibernian Football Club）成立于1875年，反过来又促进了1888年格拉斯哥凯尔特人足球俱乐部（Glasgow Celtic FC）的成立——尽管两者都是在格拉斯哥流浪者足球俱乐部（Glasgow Rangers

FC，1873）和中洛锡安的哈茨足球俱乐部（Heart of Midlothian FC，1874）之后成立的。苏格兰部分地区（以及像利物浦这样的英格兰城市）的遗产是长期的教派冲突。

分裂与瓦解

对约翰·诺克斯及其追随者而言，历史始于宗教改革，但新教的历史是多重裂变的历史。就17世纪30年代之前那段较短的时期而言，基督教团体相互竞争却又互相重叠的观点聚合成了一个相对稳定、同质化的苏格兰教会。然而，由于新教强调个人与上帝的联系只能通过《圣经》这一中介，并且轻视等级，因此新教长期以来就包含了自我分裂的种子。一个世纪之内就发生了两场关于宗教秩序和宗教信仰的重大革命，苏格兰教会开始了一系列的分裂，现代欧洲各地都产生了最异质的新教。联合后的政治一致性，在某种程度上是基于想象的宗教统一，但在现实中，英国的新教史是不同信仰并行的，而非与苏格兰拥护一个共同的信仰。

在 1690 年的胜利时刻，苏格兰教会与主教制分野，并与之共存了一个世纪，但即便在它自己的等级中，一些人也拒绝承认不立约的教会。接下来的一次分裂是 1733 年的“最初的分裂”，那时，保守的盟约者在国家的影响下畏葸不前。1761 年的“第二次分裂”事件见证了“救济教会”的创建，究其原因，还是因为对教会应该与国家保持何种关系以及如何对待庇护任免权（由他人而非信众委任牧师，这一制度于 1711 年被再次引进）产生了意见分歧。在英格兰，牧师的提名完全掌握在个人手中。相反，长老派教徒希望民主地选出他们自己的牧师。但 1711 年后，绝大多数乡村牧师的委任状是地主赠送的礼物（国王有权任命苏格兰三分之一教区的牧师）。谨慎的庇护会顾及一些职位的委任，但并非所有的委任都是得体的。

这些分歧致使新教分裂成了很多团体。1750 至 1830 年间，苏格兰教会本身也分成“温和派”和“福音派”（后者使得宗教成为一种有活力的、重生的力量），而在 19 世纪初期，民间宗教复兴运动又掀起了一波高潮。与这波潮流相伴的，是与既有教会的广泛分流，原因还是反对庇护和世俗的影响。这波潮流最终于 1843 年令教会分崩离析，并创建了苏格兰的自由教会（其内部事务“不受”国家干预），该教会的牧师人数是既有教会的五分之二，并拥有三分之一的平信徒。

令人困惑的是，新教的分裂因持续不断地鞭策精神灵性而促进了信仰。福音教盛行时期，发生了重大分裂，更多的选择也允许不断扩大的宗教参与。分裂之后，三个主要的新教教会掀起了创建教会和学校的高潮。这三个教会分别是苏格兰教会、自由教会和联合长老派教会，最后一个教会创建于 1847 年，由联合独立教会（该教会创建于 1820 年，包含了 18 世纪各种各样的独立教会）和救济教会合并而成。

实际上，维多利亚时代的苏格兰，宗教仍然是日常生活的中心，宗教主宰着有组织的闲暇生活，形成了各种社会政策，以及有关节制和自救的道德价值观。然而，宗教也有其消极影响。不断分裂的价值观、不断扩大的社会差异，让 18、19 世纪的高地和低地日益破裂。1843 年的宗教分裂与正在形成的阶级差异有关，苏格兰人以现代人难以想象的严肃方式对待神学争端。分裂也剥夺了苏格兰教会代表地方社区的政治权利，并让社会保障（“济贫法”）的改革（1845）势在必行。到 1851 年，经常去教堂做礼拜的人中有五分之三不再出席苏格兰教会的仪式。

无论分裂的结果如何，苏格兰的神职人员仍有相当大的独立性和社会影响。到 17 世纪 20 年代，苏格兰既有的神职人员已是组织严密的职业群体：与他们的英格兰同行相比，他们受过更好的教育、职位更为稳定、收入也更好（他们的收入由乡村郊区的地主和城市的市镇委员会支付）。苏格兰的新教神职人员被称为“牧师”，不是教区牧师（vicars）或教区长（rectors），绝对不是司祭，他们不“掌管”生计，住在“牧师住宅”（manses）而非教区长住宅（rectories）。他们得努力工作，因为教区通常比英格兰大得多：3 万平方英里只有 900 个教区，而英格兰 5 万平方英里则有 11 000 个教区，而且他们受到长老们（18 世纪 20 年代有 62 位长老）的密切监督。

教会不是国家的代理人，而是由忠诚独立的牧师任职的半独立机构。试图按照英格兰模式建立公共教区而非简单的宗教教区的尝试失败了（庄园从未被成功地引入苏格兰）。譬如，在苏格兰不存在具有神职的地方官，而在英格兰，这些人员占英格兰 1830 年议员的三分之一。苏格兰的神职人员看起来更像国家公职人员，但实际上完全是纯粹的志愿者，他们从事自己认为值得去做的世俗事业：济贫、社会管控和社会改善。比如，他们服务于精神病院和其他公共机构，汇编有关社会生活和经济状况的信息。第一部或者“老”《数据统计》（*Statistical Account*），是 18 世纪 90 年代出版的多卷本教区记载汇编，它提供了非常详细的信息；随后是一部内容更丰富的新《数据统计》（1834—1845，苏格兰教会出版）。形成鲜明对比的是，绝大多数苏格兰神职人员断然拒绝为 1801 年英国第一次人口普查做任何工作，因为他们不承认人口普查的社会意义。

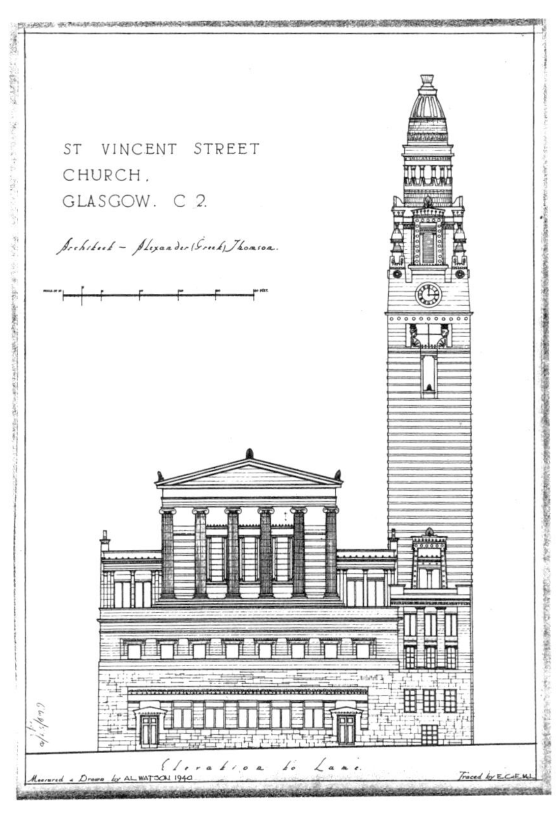

图6　圣文森特街教堂，由“希腊派”亚历山大·汤姆森设计。它引人注目的原创风格，是维多利亚时代苏格兰城市宗教活力、财富和自信的典范

世俗化

1900年，苏格兰有四个主要的新教教会：苏格兰教会、联合长老派教会、自由教会和主教制教会。同年，联合长老派教会和自由教会合并形成联合自由教会，1929年，该联合教会与苏格兰教会达成一致，剩下主教制教会和一些像自由长老派教会（1893年创建）这样的激进教会孤立无援。整个19世纪，社会各阶层出席和参与教会宗教活动的情况都很好。1900年，有一半人口积极参加教会活动，与其说是维多利亚时代的城市化（当时的人害怕城市化会让工人阶级不信上帝），不如说是20世纪资产阶级的郊区化导致了大众的世俗化。实际上，民众出席教会活动的比例只是从20世纪60年代起才开始急剧跌落。现在，即使是天主教教会，也会对节日活动和出席率（尽管仍然有三分之一的出席率）感到深深的担忧，而且和日益普遍化的圣公会团体一样，它也寄希望于发展中国家的人员和活力。

无论苏格兰人名义上信仰什么宗教（40%的人坦言什么宗教都不信），他们绝大多数都被视为

“扩散性的基督徒”。分裂运动的领袖托马斯·查尔默斯说他们是“堕落的大众”，这么说不太友好。他们对宗教有一种真正的参与意识，相对于偶尔参加宗教仪式、遵守基督徒不可推卸的（即便不是独有的话）道德标准或文明准则，他们对虔敬崇拜之情的表达都不太明显（现在只有十分之一的人一个月至少参加一次教会活动）。非基督教信仰只占现代苏格兰510万居民的一小部分。例如，4万人的穆斯林和15000人的犹太人，后者绝大多数居住在格拉斯哥。除此之外，还有“其他”选择，或者说新纪元运动（以马里郡的芬霍恩村最为著名），其精神性非常突出，但这一运动是非典型的。

苏格兰教会一直有一种持续性的恶性压迫，现代不可知论或无神论正好利用了这种压迫。虽然教会是出于对巫师广泛的社会恐惧和政治恐惧，但它确实必须对1590至1690年这一时期震荡低地苏格兰的猎巫运动（以及1682年烧死同性恋事件）负有一定的责任。在我们看来，相信巫师似乎是离奇怪诞的，烧死他们是野蛮的，但在一个充满超自然力量的社会里，人际空间、地理空间以及宇宙空间纠缠在一起，让这些事情有了充足的理由。在教会的巅峰时期，它控制了人们生活的方方面面，而现代人认为这些方面完全是个人的“人权”，诸如夫妻生活。罗伯特·彭斯这位著名的自由生活者，讽刺教会的褊狭，他曾在那些被他列为老“私通监视者”的手中吃尽苦头。

教会还控制宗教仪式期间（无论在教堂内外）每个人的所作所为，但这一点又背离了最早出现在18世纪的“隐私”和“个人主义”的现代概念。例如，严重扰乱关系紧密的社区的通奸行为，不仅被教会视为犯罪，也被世俗当局认为是犯罪（一度是死罪），实际上也被大多数人认为是犯罪。天主教教会也禁止通奸，并宣布了无数的人性弱点和民间文化都有罪。同样，教会认为离婚在过去和现在都是罪，它让人们生活无着落，通常会使妻子陷入穷困的境地。

教会戒律似乎与我们毫不相容，加尔文信仰也是如此。现代读者可能会发现，欣赏像天主教这样看似生机勃勃的历史性宗教更容易一些，因为它有强烈的视觉冲击，富有表现力和表演性——一种

“现实中的宗教”，而且读者很快会发现加尔文主义冷酷无趣、沉闷内向、刚愎自用。如果我们信仰基督教，我们就可能相信基督为我们所有人而死，而非相信预定论那令人震惊的被挑选性。不过，这忽视了与福音主义和选民神学相关的内在的温暖、希望和谦卑。福音主义包括神职和社会行动主义，它强调《圣经》的权威性和基督受难，福音主义曾在一段时期内重振了基督教。自宗教改革以来，苏格兰经历了各种运动的严峻考验。

苏格兰东北地区和赫布里底群岛的加尔文主义，其形式特别严苛，在这些地方，大概有一半人口仍然经常参加教会活动。自由教会和极端保守的自由长老派教会体现了这种加尔文主义，乌尔斯特的伊安·佩斯利博士是后一个教会的牧师。该教会不同意为葬礼提供宗教仪式，坚持商店和公共场所应在节假日关闭，并在礼拜日严格关闭。只有到了2002年，周日往返斯托诺韦的航班才开始飞行，到了2006年，刘易斯岛上的教会才首次允许轮渡在周日往返阿勒浦。人们可以感受到刘易斯岛上强烈的、鲜活的宗教虔信，也能感受到教会曾经在苏格兰主要地区所享有的权利。虽然加尔文主义表面上看不容许有个人选择，但相比公众参与大事件——比如出席名人葬礼这样的活动——的准宗教情感主义，这些表现按说还是更体面、更有深度的。

宗教和教会还有另一个方面。现代读者可能认为宗教是一种保守势力，主要是因为其关于准许和禁止的规则，比如，劝阻婚外恋（和性教育），广泛推进对礼拜日零售业的限制。不过，自基督传教以来，教会就是一支建设性的、往往还是激进的变革力量。中世纪，教会对婚姻和继承这样重要的社会制度创建了明确的规则，它经常运用法庭处理这些问题，解决从名誉受损到债务纠纷这样的争论；詹姆斯六世时代，教会鼓励终止血仇夙愿，抑制冲突；18 世纪末，教区神职人员带头为人们接种天花和其他疫苗；宗教福音主义在 19 世纪初成为抵抗奴隶制运动的先锋；经济价值、自我否定、自我满足，这些维多利亚时代工人阶级和中产阶级的进步运动的核心价值，根植于基督教的道德观；自 1833 年工厂法案以来的社会立法，以帮助那些不能自助的人的慈善理念为基础。

教会是20世纪四五十年代黑人民族主义的有力支持者，它们在20世纪八九十年代裁军和分权讨论中发挥了积极的作用。现在，它们希望“让贫穷成为历史”。几个世纪以来，苏格兰人所基于的教会和信仰——所有这一切，为人们提供了道德支持和组织结构，其中多数是有利于社会的。

| 第三章 |

教育

03

学校

16 世纪的新教宣言中，关于教育的内容和教义一样多。长期以来，苏格兰被认为是重视教育和学问的国家。宗教改革没有启动学校教育。因为苏格兰有着大量久负盛名、长期公认的公立语法学校，比如格拉斯哥（1124）和邓迪（1239）的语法学校。1617 年、1633 年和 1696 年通过的几项立法，确保所有乡村教区的地主或“继承人”资助学校和男教员，但和大多数早期立法一样，这些法律最初表达的是强烈的愿望，而非宣布已取得的成就。

教区学校逐渐创建起来，它们的成就可从识字率水平看出。中世纪的识字率受到严格限制，可能只有 10% 的男人以及不到三分之一的低地男人能够自己在 17 世纪中期的盟约上签字。如果有机会让女人签字，也只有 10% 的女人能写自己的名字，高地男人的识字率可能也只有 10%。到 18 世纪中期，大多数低地男人和三分之一的女人能够写字，很多人都能阅读。随着收入的不断增加，印刷品，尤其是便宜小册子形式的印刷品，成为提高苏格兰识字率的强大动力。不过高地的识字率仍然滞后，尽管有像苏格兰宣传基督教知识协会（1709 年由王室当局创建，随后有政府资金注入）这样的机构发起倡议。

图 7　苏格兰很多乡下人都很虔敬、节制，对教育有强烈的信念

专业人士的读写能力在充满活力的高地文化中占有一席之地，不过这一优势到18世纪已慢慢被弱化，大众文化比低地精心打造、日益商业化和印刷的媒介更口语化，并且更具自发性和参与性。

苏格兰的学校教育在启蒙时代最为成功，但社会和经济变化很快，使得学校教育赶不上时代潮流。19世纪初期，有研究表明，因为必须谋取生计以帮助他们赤贫的家庭，很多孩子被排除在教育之外。调查还表明，虽然大多数男性成年人能够阅读，但很少人能够写字，女人的识字率还是很低（一如既往）。志愿教育和付费教育填补了这一空白，直到1872年立法通过义务教育，1890年通过免费的义务教育。在那之前，付费教育学校一直填补着教区学校和公立学校（后者由城市委员会资助）的空白，并随着工业化和城镇化进程变得越来越重要。罗伯特·彭斯就是在这样一所“冒险”学校中接受的教育。

1910至1911年，苏格兰5~14岁孩子的受教育率比欧洲除法国以外的其他地区都高。大众教育改变了教师职业的构成，到1911年，女教师达到了

70%，彻底改变了数百年来由男教师控制的局面。志愿主义在教育领域和其他公共生活领域一样重要。主日学校的职员是志愿者，他们提供工业城市所需的尤为重要的一种训练。到1895年，这样的教师有5万名。

教育是永恒的，但教育为考试和证书所做的牺牲则是维多利亚时代的产物。1888年，苏格兰第一次引入了毕业证书考试，1962年进行了改革。明显不同的是，现代苏格兰绝大多数小学生参加“标准等级考试”（英格兰的“普通等级”）的年纪在14~15岁，“高等考试”在15~18岁，虽然现在很多人在17~18岁时进行“高级高等考试”，相当于英格兰的“高级水平考试”。所有这些目前都是融初等教育和继续教育为一体的“苏格兰学分和学历体系”的一部分。1883年，全国规定中学毕业的年龄是14岁，1918年是15岁，实际上最小的毕业年龄一直没变，直到1901年和1947年才有相应变化，1972年规定的毕业年龄是16岁。

现在，绝大多数苏格兰教育都由社会资助和国家控制。在有英格兰倾向的独立学校或私立学校（英格兰人将其列为小“公学”）中，爱丁堡公学（1824）是一所气象恢宏的学校；费蒂斯中学（Fettes College，1870）看起来也很宏伟（被一些人称为“苏格兰人的伊顿公学”）；格拉斯顿建立的格兰诺蒙德（珀斯郡）的三一学院不仅盎格鲁化，而且圣公会化（它实行主教制）。所有这些中学都是男校，直到20世纪70年代才有所改观。不过现在所有这些学校都是男女同校。次一级的学校是乔治·赫里奥特学校（George Heriot’s），这是一所“商人公司”学校，最初由一个行会将其当作一个孤儿院运作，现在类似于英格兰人捐资的语法学校（有着同样的中产阶级寓意）。这所学校现在也是男女同校。对女孩们来说，类似的学校有詹姆斯·吉莱斯皮高中女校（James Gillespie’s High School，1930—1973），小说家缪丽尔·斯帕克（Muriel Spark）曾在此就读，该校背景在《简·布罗迪小姐的青春》（*The Prime of Miss Jean Brodie*，1961）一书中有所提及。著名的爱丁堡教育建筑包括皇家高中（1829）。这所高中长期以来一直是皇家公立学校的珍宝，在1979年突袭式公投分权时，它差点成为苏格兰议会的所在地。

苏格兰的学校教育到底有多好，对于这一问题，两个世纪以来一直争论不休。它宣称平等主义，通过学校教育为贫穷而有天赋的男孩——所谓“寒门贵子”——提供机会。但在这一理念的背后，潜藏的是一种坚定的、精英化的贤能主义和一种社会保守主义的教育观念，即将有限的、墨守成规的大众教育作为开化和安抚民众的力量。然而，对一个素来比英格兰穷的国家来说，为了追求广泛的平等目标，在社会控制下致力于全面的学校教育是引人注目的。这一追求源于宗教改革对教育力量的信念，以及启蒙运动对人性可以改善的信念，并再次恢复了它的活力，两者创造了一种丰富的理想：对苏格兰来说，受过教育的人和被启蒙过的社会比这个社会实际获得的成就更具鲜明特色，可能也更重要。

大学

1300年前，绝大多数苏格兰人上大学会去牛津大学或剑桥大学。但自那以后，他们蜂拥进入欧洲的大学，即便15世纪苏格兰的三所大学创建以后，这种现象仍在继续。那时上国外的大学很容易，因为拉丁语是一种国际化的学术语言，所有受过教育的男人（以及一部分女人）都能说、能读、能写拉丁语，同时，因为在路德和加尔文之前，统一的基督教世界很少对国际的“文人共和国”设置藩篱。对那些勇者而言，旅行非常简单（现代护照迟至1915年才实行）。因而，蒙彼埃尔、帕多瓦、巴黎等大学都可以看到学习神学、法律和医学的苏格兰学生的身影；或者，从16世纪70年代起，在莱顿这个新教重镇，也能看到苏格兰的学生。对天主教徒而言，苏格兰人可以去巴黎、罗马和萨拉曼卡上大学。

“语法学校”的“语法”指的就是拉丁语。用英语授课的习惯要到18世纪才确立。拉丁语是基础学习之后的教育以及大学教育的核心，是任何职业人士的职业要求。它还创造了一个高水平的古典文化，这一古典文化不仅是娱乐性的，还是政治和社会中秩序和等级的意识形态的核心，它包括后斯图亚特国家建设、1688 年后的詹姆斯主义和启蒙运动的文雅。诸如乔治·布坎南之类的人物创造的基于古典的人文主义文学，也为苏格兰文人提供了国际文化标准。就苏格兰精英身份认同而言，如果说文艺复兴和启蒙运动有一个语言上的焦点的话，那就是拉丁语，而非苏格兰语、英语或盖尔语。

大学的创建需要教皇或神圣罗马皇帝颁布诏书。圣安德鲁斯（1412）、格拉斯哥（1412）和阿伯丁的国王学院（1495）都有教皇诏书，因而都是实实在在的大学。爱丁堡的“大学”（1583）确切地说是“城市学院”，没有任何诏书 —— 他们第一次开课时，市议会为学生提供了 5 英亩土地（紧临绞刑台，位于现在波洛克学生宿舍边上）；阿伯丁的马歇尔学院（Marischal College，1593 年创建，1860 年与国王学院合并）也没有诏书。文艺复兴时期建立了很多学院，圣安德鲁斯就有圣萨尔瓦多学院（1450）、圣莱纳德学院（1511）、圣玛丽学院（1538）。

宗教改革进一步振兴了大学。如果约翰·诺克斯是宗教改革的脸面，那改革的大脑就是安德鲁·麦尔维尔（Andrew Melville），此人有着明确的、毫不妥协的原则。16 世纪七八十年代，他运用自己在欧陆大学的经验振兴了格拉斯哥和圣安德鲁斯大学。但大学仍然保留着研讨赞美诗的研习班，主要教授神学和哲学（当时是非常宽泛的学科）：法学训练和医学训练到了 18 世纪才开始蓬勃发展，那时，爱丁堡的就读率翻了两番，其学生有英格兰人（尤其是被剑桥和牛津阻拦在外的新教异见者）、北美人、欧陆人以及苏格兰当地人。苏格兰的大学向来都是世界性的。

并非所有大学都一样成就显赫。18 世纪时，阿伯丁、圣安德鲁斯像牛津、剑桥一样懈怠无力。医学学位的授予在很大程度上是基于功德或公民资历，1783 年马里沙尔学院的亚历山大·唐纳森博士说他“既不讲课也不做任何实验，主要居住在他位于阿伯丁附近的庄园里”。然而到 1800 年，苏格兰大学还是培养了九成的英国医学毕业生。19 世纪苏格兰的毕业生没有资格入选英国皇家医学院的研究员职位，因此被排除在伦敦医院之外，不过，首都之失则是地方（和帝国）之得。

虽然苏格兰的大学在19世纪中期缺乏活力，但它们在19世纪最后25年成功地进行了改革。这些大学的学费比精英化的牛津或剑桥便宜，因而也比后者更具社会包容性——至少对男人而言是如此。直到1892年，女人才被允许入学。19世纪60年代，苏格兰的大学就读率高出英格兰五倍，但直到20世纪60年代，也只有不到2%的年轻男女（换言之，不到人口的0.2%）才能进入大学。维多利亚时代晚期的改革实际上减少了青年工人阶级的求学机会，直到20世纪60年代有了学生助学金，他们才再次获得学习机会。这些助学金为苏格兰（和英国）的大学带来真正的平等：没有这些助学金，任何修修补补的举措都不会使高等教育具有社会包容性。

很多学生都身负债务。随着越来越多的大学和其他机构的建立，以及原有大学的发展，现在高等教育的就读率达到50%。大学教育日益规范，学位获取的门类范围也比前一代人广泛得多，以前乔丹斯通的邓肯艺术设计院（Duncan of Jordanstone，现在是邓迪大学的一部分）就是一个范例。在20世纪60年代和70年代初的大学扩张中，产生了另外四所大学：斯特灵（新挂牌的大学）、邓迪（1881年以来是圣安德鲁斯的分学院）、赫瑞-瓦特（Heriot-Watt）和斯特拉斯克莱德（以前的技术学院）；高等教育“二元划分”被废除（1992）之后又产生了五所大学。苏格兰最大的“大学”——爱丁堡大学，现在拥有19000名本科生和7000名研究生。

苏格兰的大学因提供职业训练而繁荣起来，但它们也强调自由选择、广泛学习，获取普通或“一般性”学位，而非荣誉学位（仍然有三分之一的毕业生获得荣誉学位），它们强调教育是一个过程而非一个事件。自维多利亚时代以来，古老的大学会在四年学习之后，授予毕业生人文学科艺术硕士的荣誉学位（MA），而英格兰学士学位（BA）只需要三年。苏格兰的大学仍然处于世界领先地位，对那些不介意接受伊顿公学或“牛剑大学”教育的人来说，他们也有激励政治家的研讨班（20世纪70年代），像现在的英国首相戈登·布朗[1]（毕业于爱丁堡大学）和一系列保守党议员（毕业于圣安德鲁斯）。

职业

中世纪的年轻人走向国外，因为他们的视野在欧洲，大陆的教育更好，大学讲授诸如罗马法或“民法”这样的职业课程，这些课程可以被用到苏格兰法庭上，但苏格兰国内没有这样的课程。国内不提供类似于伦敦律师学院这样的苏格兰法教育。直到 1722 年，爱丁堡大学才设置了一个讲席。相反，很多法律训练和医学训练都是在工作实践中获得的。从 1532 年起，辩护律师（类似英格兰的大律师）就有他们自己专门的法律专科（协会），从 1594 年起，就有法律文书（类似英格兰的初级律师）协会。不列颠最古老的医学协会，即爱丁堡皇家外科医学院于 1506 年获颁证书，它完全独立于

1　2008 年本书出版时，英国首相是戈登·布朗。

1681 年的皇家内科医学院。

简单地说，外科医生（偶尔也被称为理发师－外科医生）处理人身体上的问题，而内科医生（负责更多问题）处理人的问题。药剂师是配药的商人。内科医生往往在大陆的大学接受教育，但直到 18 世纪，合格的外科医生和药剂师都是学徒训练出身。直到 20 世纪，当学徒仍然是手工劳动获得工作训练的重要途径，但到 19 世纪中期，随着古代那种分开训练方式的改变，医学教育已变得更系统，更加以大学为基础，医生这个职业也更加统一。

进入职业训练取决于社会背景、财富和关系。穷人的父母把女孩送到纺织学校，但那些希望男孩成为商人或金属冶炼之类的工匠学徒的父母，则不得不付钱让“锻工”师父（铁匠）带他学习。年轻人经过三到五年的训练，可以成为熟练工人或雇员，然后，如果他们有足够的钱自立门户的话，自己就有权成为师父。这意味着，虽然苏格兰有着平等主义的民族精神，有以天赋为基础的机会均等的理想，但在现实中，社会流动还是受到了严格限制。白领职业也是如此。前现代的律师绝大多数来自地主家庭的小儿子，他们操纵一个封闭的圈子，没有关系的新人几乎无法进入。

实际上，庇护和委托关系渗透在苏格兰的历史之中。要找一份工作，良好的人际网络和出色的才能禀赋同等重要。直到20世纪，绝大多数工业或商业职业都不需要正式的资格证书，但学徒的“服务时间”是一个衡量标准。大学举行一些书面考试，但中学考试和工作考试主要都是口头上的（如果运用考试的话），基于成绩和公开竞争的现代职业观念直到1900年才产生。而引入竞争性法律考试并没有改变法律职业（或其他大多数职业）的社会构成：它只是给那些无论如何都会进入法律职业的人提供了一条不同的途径而已。

启蒙运动

18世纪苏格兰的大学和绘画室、图书馆，甚至小酒馆一起，成为启蒙运动的熔炉。这是一场观念的大爆炸，对于讲英语的世界以及所有与它接触的世界的思想和事件产生了深刻而持久的影响。相信可以通过教育、理性和讨论改变个人和社会的信念，让亚当·弗格森（1723—1816）、亚当·斯密（1723—1790）、大卫·休谟（1711—1776）这样的人认为，经济合作和相互交换将促进社会性，带来进步，提高“品位”，进而欢呼并推动商业的发展。哲学家们讨论所有事情，从“同情”意味着什么——它只是简单地对他人情感的坦诚，还是需要适应那些情感——到自杀是否可以被接受。参与讨论的并非就是那些学术圈内的人，而是任何受过教育的人，男男女女在宴会俱乐部、阅读协会、音乐会、剧院等场所碰面，交换观点，他们仅仅通过聚在一起这种方式就变成了更好的人。

启蒙的观念最能体现在它们的具体影响中。“礼貌”、“公平”和“进步”这些概念，渗透到19世纪的苏格兰社会，它们有助于解释为什么苏格兰的民间反抗低于英格兰。教育的价值（无论教育取得了怎样的实际成就）、公民社会的可改善性，这些信念的广泛传播使得苏格兰人比某些人对以积极、和平的路径走向进步更感兴趣，并让他们能够更好地看待变革。但工人阶级和中产阶级都相信需要用理性和论据来战胜暴力和非理性，他们深受这种观念影响。

除了缓和国内变革的后果，苏格兰启蒙运动还改变了世界。哲学家们拥护“宽容”的概念以及宗教激发的共同人性的愿景，譬如，支持1778年高等法院判决苏格兰法律中的奴隶制不能成立。他们确定变革是一个过程，而非一个事件，他们将自然科学的概念、方法和模式引入社会调查中，并教育人们以怀疑主义的态度看待知识的来源。公开的人体结构解剖和助产术讲座，詹姆斯·赫顿（1726—1797）的地理学、约瑟夫·布莱克（1728—1799）的化学，使得应用科学像艺术、文学、音乐和民间传说一样成为一种国际化的文化产品，后来成为热爱研究电学、物种起源等各种各样的主题的榜样。

18世纪的文学有助于建构苏格兰人身份认同的形象，包括一直贯穿整个19世纪的原始美德、传统的人文主义学识、现代的礼节礼貌。促进相互交流和相互理解的商业也支持着一场消费革命，这场革命将茶、咖啡、糖、烟草、瓷器、棉织品带到大众市场上。世俗的现代礼节起源于启蒙运动。餐叉、抽水马桶、手帕、睡衣全都被引入生活，用以调节、疏离或隐藏身体的需要。

法国启蒙运动激烈地反抗教会，而加尔文神学则强有力地影响着苏格兰神学，很多最优秀的思想家都是牧师（他们中大多数人是大学教授）。像托马斯·里德（1710—1796）这样的个别思想家改变了人们看待自己的个体性和他们所处社会的方式。亚当·斯密的《国富论》（1776）为“自由放任”提供了思想支持，而这一学说成为19世纪西方经济学的核心。他和休谟、弗格森一样，也在非人格的功利主义和人格化的情感关系之间做出了明确的区分，这些对重视工具性的、个人主义的西方人来说非常熟悉。

苏格兰法律、医学的专业技能，以及苏格兰的大学体系，通过传教士、移民和帝国官僚成功地输送到世界各地。苏格兰人促进了不列颠帝国的形成，即那个物质上和意识形态上的帝国，但他们在美洲革命期间也为帝国的部分瓦解贡献了力量。在广泛的政治一统中（大学职位的委任部分基于赞助），一股激进的暗流是盟约者有条件地忠诚于英国政府的传统，这一传统逐渐在苏格兰消退，却被输入北美，并在北爱尔兰经久不衰。

很多观念现在被想当然地认为源于启蒙运动，不过从其他现象来看似乎并非如此。在医学院繁盛时期，盗墓、谋杀被用于满足解剖尸体的需要，其中包括臭名昭著的伯克和海尔二人组[1]。决斗是另一种情形。决斗被错误地认为是中世纪审判的残余，那时，人们认为上帝之手会引导正直的胜利者。实际上，决斗是从文艺复兴时期的欧陆传过来的，并在启蒙时代兴盛起来。直到 19 世纪，决斗还是平等者之间协调礼节和荣誉的一种方式。虽然决斗涉及身体上的力量，但它通常植根于长久以来被公认的礼节或礼貌的概念之内，而非外在的、与礼节对立的概念。对决斗的批评较少源于直接的敌意，更多是来自对参与者的诚意程度和决斗形式是否得体感到

1 在 1828 年 10 个月之内，威廉·伯克和威廉·海尔两人在爱丁堡犯下一系列杀人案，他们把尸体卖给罗伯特·诺克斯用以解剖和解剖学讲座。见 https://en.wikipedia.org/wiki/Burke_and_Hare_murders。

不满。苏格兰的最后一次决斗发生在1826年的柯卡尔迪：一个银行家和一位不满意的顾客进行决斗。结果是银行家死了。

决斗提醒我们这是在18世纪，不是21世纪。苏格兰启蒙运动绝非凭空爆发，它基于17世纪欧洲诸如雨果·格劳秀斯、塞缪尔·冯·普芬道夫这些法理学家的著作，基于英国哲学家和科学家如托马斯·霍布斯、约翰·洛克、伊萨克·牛顿等的成就之上；但18世纪英格兰的启蒙运动既不丰富，也不深刻。苏格兰思想家缔造了现代世界，但也做了其他很多事情，其影响有时需要几十年才看得清楚。过去家喻户晓的名字，像威廉·罗伯逊博士，这位格莱菲教堂的牧师（1761—1794年在任）、爱丁堡大学的校长（1762—1793年在任）、著述苏格兰和美洲历史的著名历史学家，现在都被遗忘了，那些在后世眼中的著名人物有时也需要为得到承认而斗争一段时间。休谟的“自然神论”（一种无神论）让他的很多同时代人感到惶恐，他不受他那个时代待见，他在哀叹自己的第一部著作《人性论》（1738）时说道：“（它）从印刷机上一生出来就死了。”

| 第四章 |

社会

04

人口

1700 年时，苏格兰大约有 100 万居民，此前的苏格兰人口估算都要靠猜，不过可以制定一些人口统计指南。罗马不列颠和斯图亚特不列颠一样人口稠密，生活水平可能也一样好。人口统计的第一个标志是“黑死病”，这场传染性瘟疫在 1348 至 1350 年间袭击了不列颠，可能带走了三分之一的人口。那时的瘟疫是地方性的；随后暴发的疫病没有那么强的致命性，往往局限在城市里。苏格兰最后一次大瘟疫发生在 17 世纪 40 年代中期，不过迟至 1720 至 1721 年，仍然有少量的疫病。瘟疫对社会和经济生活的破坏与死亡的威胁一样，令人恐惧。有了隔离措施之后，尸体被马车运到集体墓穴，没有往常的仪式，对死者的朋友和家人而言，这种死亡尚能忍受。

黑死病暴发期间，欧洲也进入了小冰川时期。因为工人极少，气候又不利，高纬度的定居点被遗弃。糟糕的天气、极低的生产力、少得可怜的交通运输，这些意味着食物短缺是一个长期的威胁。最后一次严重的全国性饥荒发生在17世纪90年代末，那时，八分之一的人口死于饥饿或疾病。低地的农业生产力在18世纪翻了一番或三倍，但在18世纪40年代，甚至到了19世纪头十年，糟糕的收成仍然会导致饥饿和死亡。19世纪四五十年代，“高地大饥荒”可归因于与长期贫困和匮乏有关的疾病，而非只是饥饿（主要原因是土豆歉收）。

几个世纪以来，人们的平均寿命都在30多岁，但如果人们能熬过婴儿期和童年，就可以活到六七十岁。1700年，十二分之一的人口年龄超过60岁，整个18世纪，成年男性的平均寿命值增加了三分之一。较高的出生率和较低的死亡率意味着人口的迅速增长，从1789到1911年，人口增长了两倍，从150万涨到450万。适度的增长率掩盖了农业变革和城市化带来的大规模人口再分配。到1789年，只有不到一半的苏格兰人口居住在想象的“高地线”北部，这条线东到斯通黑文（属于金卡丁郡），西到海伦堡（属于邓巴顿郡）。1911 年，这个数字跌到只有六分之一。1790 年，八分之一的苏格兰人生活在大城市，到 1831 年有三分之一的人口，1911 年则有五分之三。而在 1911 年，苏格兰是欧洲继英格兰之后最城市化的国家。19 世纪 90 年代，格拉斯哥四分之一的成年人出生在高地，还有四分之一出生在爱尔兰。

疾病死亡率仍然很高，但在逐渐下降。天花在 19 世纪初被攻克，但直到 19 世纪中期，斑疹伤寒和霍乱仍是城市人口的最大杀手，对流感的控制直到 1918 年才有所改观。苏格兰的婴儿死亡率虽比英格兰低，但仍然高得惊人，而且也没有像 19 世纪 90 年代的英格兰那样下降。1871 年左右出生的婴儿，有四分之一活不到 5 岁。

19 世纪苏格兰的生育制度也与众不同。妇女的结婚年龄相比欧洲标准格外大（通常是二十八九岁，五分之一的妇女根本不结婚），不过，苏格兰妇女一旦结婚，生育率还是很高的。晚婚最为有效地遏制了生育率。生育率还受限于延长母乳喂养、节制性欲，或诸如体外射精这样的基本避孕措施。运用机械方式选择生多少孩子、何时生孩子的现代“生育控制”，是20世纪初的发明。这种方式的引入主要由男人引导，直到20世纪60年代，避孕药才让女人有了更大的控制权。

家庭规模急剧缩小。19世纪70年代缔结的婚姻，有五分之二的家庭生出六个以上的孩子，而20世纪20年代的家庭中，这一比例不到2%。苏格兰的非婚生率普遍较低，但部分地区的非婚生率是欧洲最高的：19世纪末的东北部农村，五分之四的妇女在结婚之前都生下了第一个孩子，或在结婚三个月内生出第一个孩子。整个19世纪，苏格兰是一个年轻人的社会，三分之一的人口年龄是14岁或更小。

现代苏格兰大概有500万居民，其人口结构和西欧、北美大致相当，尤其是人口的“老龄化”。出生率低，寿命更长，本地人口逐年下降。曾经包容人口活动的社会结构在上一代时发生了急剧变化。20世纪80年代末，30岁以前结婚的妇女中有一半曾在婚前同居，而20世纪60年代只有3%。1997年，邓迪出生的孩子首次有一半以上来自单亲妈妈，或来自同居但没有结婚的父母。整个苏格兰，有四分之一的孩子现在生活在单亲家庭中。根据 1987 年的比例，20 世纪 70 年代末的婚姻有三分之一以离婚收场，而 20 世纪 50 年代初期，只有 7% 的离婚率。其部分原因在于保守的教育政策，这些政策似乎基于以下前提，即不教性健康知识就会防止年轻人发生性关系。然而，苏格兰十几岁怀孕和性疾病传播的比例却是欧洲最高的。

图 8　俯瞰圣安德鲁斯，展示教堂、城堡以及中世纪三街计划的东部街头。自中世纪以来，苏格兰的城镇就是教会、政府、贸易和学术的中心

生活水准

在苏格兰的大部分历史中，它都不是一个富裕的国家，它对待贫穷问题的方式不同于英格兰。自伊丽莎白时代以来，英格兰的济贫工作是由国家组织的，国家进行地方管理并给予财政支持，并把对较富裕居民征税所获得的主要供给与非正式捐赠结合起来。苏格兰和英格兰一样也有早期立法，不过从未有效实施，其供给平衡完全颠倒。出于济贫目的（或其他目的）的征税从来就不盛行。相反，一种混合的福利经济维持着贫困人口的生活，其重点是非正式捐赠。城市有征税，但在乡村教区，教会、地主和邻里提供了绝大多数救济物，直到17世纪，苏格兰教会接手管理正式的救济工作。随着人口重新分布到城市以及苏格兰教会的分崩离析，这一体系也常常难以为继、不堪一击。

1845年的苏格兰济贫法，紧跟1841至1843年的经济崩溃和1843年的教会瓦解（1841至1843年的经济崩溃中，佩斯利112家制造商中有67家破产，四分之一的人口等待接济）；这一济贫法旨在促进征税，但这些税收在高地几乎无人知晓。然而，地方自治在制定政策方面的范围比英格兰要大得多，现实中的济贫措施也大不一样。苏格兰地方政府长期以来对公共卫生有着更直接的态度，1845年的济贫法与1834年英格兰济贫法的不同之处，是需要为穷人提供个人医疗护理，这一规定的精神依然保留在苏格兰议会现行的老人医疗保健政策中。

维多利亚时代，几乎所有的孤儿都得到寄养家庭的照料；苏格兰人不希望下一代暴露在穷困潦倒的坏榜样中。人们认为，寄养在心理上和财政上都对孩子和寄养父母更有利，而且对教区而言，寄养制度也比机构化便宜（地方负责往往意味着削减开支）。实际上，苏格兰和英格兰之间明显的差别是缺乏为穷人而设的正式机构，穷人宁愿选择家庭救济或“院外”救济，也不选择阴冷、有辱人格的英格兰济贫院。1906年，苏格兰的贫穷人口中有14%接受了机构化救济或“院内”救济，而英格兰的比例则是32%。

历史上，大多数穷人是妇女，因为她们通常寿命比男人长，又被排除在高薪职业之外，很少有机会储蓄，她们做着相同的工作收入却较少，不得不因照顾家庭的责任而中断工作生涯，而且以自己的名义拥有储蓄又受到种种法律限制（直到维多利亚时代才有所改观）。1909 年通过的针对 70 岁以上英国老年人的抚恤金法案，某种程度上旨在解决这些问题，但为了鼓励储蓄、工作或依赖家庭，这些抚恤金被设置得低于最低生活水平。这种贫寒证书式的救济带来的也是一种社会耻辱。

尽管 1750 年之后英国在不断繁荣发展，1845 年后的济贫工作进行了重组，但苏格兰的社会水准仍然低于英格兰。1867 年，70% 的“生产工人”一年收入低于 30 镑，而 10% 的上层人物吞噬了全国一半的收入。财富的两极分化在城市尤为明显，并体现在住宅上。城市贫民搬到中产阶级腾空的中心住宅，以及也是新的但往往建得很糟糕的“共同住宅”（公寓大楼），这些地方居住着像佩斯利这样如雨后春笋般涌现的城镇的工业劳动力；而中产阶级则迁往乔治时代的“新城”和维多利亚时代的郊区。1911 年，一半以上的苏格兰人住在一居或两居的房子里，格拉斯哥和邓迪则有六成以上的人口。

结果便是拥挤，对近 56% 的格拉斯哥人来说，一个房间里要住两人以上。

几个世纪以来，饮食都取决于人口压力和农业局限性。垃圾堆（垃圾倾倒地）表明苏格兰人在铁器时代和黑暗时代的仪式上就畅饮啤酒、寻欢作乐，而英格兰人则吃猪肉，这说明这些肉制品并非基本食物。肉食在中世纪晚期回归，但 1550 至 1750 年间，大多数苏格兰人的饮食以鱼和蔬菜为主，因为肉食太贵了。英格兰艺术家威廉·霍加斯的不朽名作《加莱之门》（*The Gate of Calais*，1749）中，（烤）牛肉已成为一道标准的饮食，是英格兰的文化象征。对肉食动物来说，因与“彭斯晚宴”的联系而为人熟知的哈吉斯（剁碎的羊杂碎、燕麦片、洋葱塞进羊胃里做馅儿）并不比简陋（健康）的鲱鱼，或羊羔腿、羊头更能成为一道地道的、“标志性”的传统食物。比顿夫人（Mrs Beeton）于维多利亚时代出版的《家庭管理手册》（*Book of Household Management*）中描述过羊头，但现在到处都不供应羊头，尽管位于爱丁堡达丁斯顿的最古老的苏格兰酒吧之一的“绵羊海德酒馆”过去一直都有，直到

20 世纪 80 年代初才被禁止。随着农业生产力的提高，日常饮食也逐渐改善，工业和商业的顺利发展也允许进口食物，但直到 20 世纪，佝偻病仍然是城市工人阶级儿童的常见疾病。

现代苏格兰以酗酒和普遍糟糕的健康状况闻名，这体现在成年人（男性）的平均寿命非常低，并且提供油炸食品的火星酒吧最具典型意义。但很多问题与种族并没有关系，而是和社会阶层划分以及经济机会有关，这一点在整个英国和欧洲都是一样的。1945 年后的福利国家很大程度上有利于改善国民营养、延长寿命，而 1956 年的《清洁空气法案》则是现代第一项重要的环境措施。随着生活水准日益接近欧洲平均水平，过去一代人的健康意识迅速提高，吸烟明显减少、饮食更健康、锻炼更多。2014 年格拉斯哥举办的英联邦运动会仅能起到一点推动作用。

今天，大多数苏格兰人在考虑的是选择吃什么，而非考虑吃更多食物。20 世纪 80 年代以前，下馆子吃饭还不常见，大多数食物都很无聊，而且烹饪简陋 —— 对虾鸡尾酒的难度算最高了。现在，精致小巧的乡村旅馆到处都是，很容易就能在外面吃到美食（如果不考虑是否便宜的话）。像尼克·耐林（Nick Nairn）、哈姆什·魏肖特（Hamish Wishart）这样的苏格兰大厨都是世界级别的，就像伦敦的戈登·拉姆齐（Gordon Ramsay）一样。几个世纪以来，这个国家的精英都在热切地购买波尔多、奥波多、莱茵兰的红酒。然而奇怪的是，直到20世纪末，苏格兰的红酒消费一直很低。事实上，酒水从来没有便宜过，而且在烟草信息被强制禁止之后，酒水将是健康游说团体的下一个目标。加利福尼亚（1994）和爱尔兰（2004）充当先锋，苏格兰在2006年也引入了公共场合的吸烟禁令。

17世纪以来，威士忌一直是工人阶级的饮品，也是道德改革家的头疼之事，就像18世纪英格兰的杜松子酒一样。和大多数现代苏格兰的象征一样，威士忌目前的声望来自市场的胜利。在历史上，开化文明的精髓是白兰地，如果可能的话，走私避税优先选择的饮品是红酒或波特酒。直到18世纪，城市每年规定红酒价格，就像他们每年规定粮食价格一样。啤酒或麦芽酒（用大麦而非啤酒花制成的麦芽酒）和休闲饮料一样是一种食品，而且，在19世纪改善卫生设施减少霍乱和伤害之类的致命疾病之前，喝啤酒或麦芽酒比喝水的风险小太多。

几个世纪以来，苏格兰人快速地迁徙，但他们不是旅行的游客。1773年，苏格兰人詹姆斯·鲍斯威尔和他敌视苏格兰的英格兰密友塞缪尔·约翰逊旅行到西部高地和群岛并写下那些游记时，他们并不是第一批“游客”。最早的苏格兰游记作家马丁·马丁在17世纪90年代就已经开始旅行了，约翰·沃克尔牧师（Rev. John Walker）在18世纪60年代也在旅行，威尔士的博物学家和古物研究者托马斯·彭南特（Thomas Pennant）在1769年和1772年也游历过。但约翰逊对食物的抱怨，包括对黄油上毛发的抱怨，几个世纪以来都在不断发出回响。17世纪以来，苏格兰就有了商业性的客栈，这些客栈大多数是提供给赶牲畜的人的，城市里有住宿的旅馆，但直到19世纪，乡村的好客传统的力量一直很强大，大多数想要食物和住宿的旅行者只需停留在任何一间有承诺的农舍即可：相当于现在的家庭旅馆（B&B）。土地乡绅运用他们的家庭或社会关系为彼此的住宿逗留各负其责。

“圣日”的字面意思是休息一天。为了休闲而进行比较长时间的旅行，在20世纪前都不常见，欧洲大漫游的那批贵族除外。直到1919年，苏格兰人每周工作6天，合计55小时，而带薪休假直到1938年才为人所知，此前人们对此一无所知；1911年的时候，家仆占总就业人口的八分之一，工作时间无上限。20世纪30年代，两周假期变得更加普遍，那时，火车旅行发展起来，私家车拥有量首次骤增。不过20世纪50年代，周六工作仍然非常广泛。

和绝大多数战后的布立吞人一样，苏格兰人在国内海滨度假区休假，如拉格斯、洛斯西、北贝里克。对喜欢冒险的中产阶级来说，阿维莫尔有滑雪中心，20世纪60年代进行了可怕的翻修和扩张（最近又翻修了一次），而对喜欢娱乐的工人阶级来说，像艾尔的巴特林这样的度假营地也是不错的选择。乘坐飞机旅行是有钱人的专属，在国外度假也不常见，大众旅游直到20世纪60年代才真正开始。现代苏格兰人热衷日光浴、绿色出行等，而且目前从苏格兰机场到世界各地都有直飞（而且廉价的）航班。

贵族与人民

英格兰人给苏格兰贴的最常见的社会和文化标签是“凯尔特的边缘”，这一划分通常还包括威尔士、爱尔兰、布列塔尼和西班牙的加利西亚。然而，凯尔特的身份和起源都是很模糊的。通常的说法是，公元前1000年的某个时刻，中欧的人口迁往不列颠和爱尔兰，这些所谓的移民带来了语言、文化和物品。文化肯定发生了变革，但这是移民（和平方式抑或其他方式）的结果，还是逐渐适应已有观念和技术的结果呢？DNA分析表明，大多数现代布立吞人的祖先来自一万年前后冰期的殖民者，只有苏格兰北部的基因库有所不同，他们具有斯堪的纳维亚的混合特征。

当然，基因模型建立的基础是现代人群，它表面上的准确性并不一定使其与历史相符。染色体并没有告诉我们共享一个基因库的区域内的移民情况，特别是公元5世纪来自爱尔兰的、可能定居在马恩岛和阿盖尔岛的盖尔人，基因也没有预言文化认同。现代“凯尔特人”对自己的定义很大程度上是基于他们与包括英语在内的日耳曼语系不同的语言，但没有证据表明凯尔特人在文艺复兴之前根据语言来定义自己。凯尔特人定居在不列颠和爱尔兰的观念源于16世纪的作家乔治·布坎南，他根据其所谓的“高卢语（Gallic）”来定义这些人，后来，威尔士学者爱德华·卢德在其《不列颠考古志》（*Archaeologia Britannica*，1707）中称其为“凯尔特语”。“凯尔特”一词在古代和布坎南时期都不流行，黑暗时代或中世纪也没人认为他们是凯尔特人；该词是为了现代分类学方便而发明的。当代人使用的“盖尔人”和“皮克特人”更多是现代评论者的发明，但“凯尔特人”是博物学家发明出来的，博物学家为了对历史进行排列组合而创造了一个伪林奈氏的分类群体。

凯尔特人其他的历史性特征是他们的艺术，这是公元前500年到公元900年之间一种很有特色的物质文化，在整个欧洲发现的剑、胸针、镜子和其他作品共同构成了这一文化的特征。以生动抽象的兽形图案为标志的“凯尔特艺术”，有时也被称为“拉诺坦”风格，该风格源于现代瑞士这一“风格的发源地”，第一批凯尔特艺术品就是在那里被发掘出来的。这也是一种后来的描述，是19世纪对不列颠和爱尔兰的前罗马时代被认为是凯尔特人的居民创作的艺术品的称呼。这种风格的物品也在不讲凯尔特语的地方被发现，而且，讲凯尔特语的西班牙人从未运用过这种风格。语言和艺术在欧洲不同地区单独出现，影响了凯尔特之前的文化形式，同时也受它们的影响。

和平定居几乎不可能发生在后来的奥克尼群岛。基因库表明，岛上的大多数男性都有挪威人的DNA标志，唯一的一个非挪威人可以追溯到该岛被苏格兰1469年吞并之后抵达奥克尼的那些人（1468年，丹麦的克里斯汀一世和詹姆斯二世的女儿结婚时，将北部群岛抵押给了詹姆斯二世的儿子）。由此推断，由于奴隶制是黑暗时代和中世纪早期社会不可分割的一部分，公元9世纪的土著即皮克特男人，他们被驱逐、赶尽杀绝或沦为奴隶而没能繁衍生息。在整个苏格兰北部，显著的皮克特文化似乎也在10世纪消失了，但奥克尼并非因为这一原因，因为皮克特人仍然在该岛生活。

对于中世纪以前的社会，可能最好的说法是它是等级制的——为了抵御挪威人的威胁而创造了一个为国王服务的新的军事阶层。它同样也以习惯法、家族、亲戚关系网为强大的基础。“凯尔特”影响只是其中之一。1100 年之后，文化制度的交融综合更加容易。盎格鲁－诺曼人引入了封建制度，这种制度的核心是封土者与受封者之间的契约，这种契约包括明确具体的权利与义务。盖尔人的社会在社会组织上不太严格，他们以亲缘或“宗族”为基础，其道德义务非常强烈，但权利几乎从没有具体化。

然而，氏族社会或庇护性社会与封建制度有着重要的相似性，即国王运用这些制度将地方利益等同于中央利益，将皇室利益等同于贵族利益。两种制度下缔结的关系都是人格化的，不是非人格化的，是垂直的而非水平的，是主与仆、贵族与附庸（依附关系）、保护与被保护、父亲与家人的关系。在 12 世纪，社会的基本划分不再是自由人与奴隶，而变成了贵族与农民，而 17 世纪初“民兵”与骑士役同时存在，说明苏格兰的农民比大多数欧洲农民自由，封建制度的变革被已有的社会责任和法律担当化解了。

两种社会组织都不太依赖财富，尽管财富的积累可以表现为人口、土地或牲畜的增加，而非礼物的流通。对于像武器、珠宝这些行业的产品的管控，就像立法、对穷人施惠、赞助诗歌艺术和医学这样的文化活动一样，都是贵族表达权力、提高权力的方式。中世纪盖尔人（可能在黑暗时代也一样）的社会地位是由联盟数量以及一个人的追随者的数量和身份决定的。不过，总体而言，社会地位取决于礼物、经常分配和接受牲畜和土地。这些“物资”的获得和给予是通过战争、宴请和赞助来实现的：这些事物的象征意义及其实物价值一样大。在封建社会，国王完完整整地赠送土地，但受封者服役的承诺却是不完整的、没有限制的。

封建制度对苏格兰社会的改变确实比英格兰社会大，其中一种方式便是确认将司法和税收的权力分派或委托给贵族，这是英格兰国王坚决反对的一种趋势。苏格兰贵族长期以来可能就对他们的人民拥有相当大的独立权力，但在1100年以后，他们通过确保广泛的司法权力以及相关的财政特权，将与国王保持适当距离的关系制度化。这种独立性在詹姆斯六世时期逐渐被侵蚀，直到 1748 年被彻底清除。即便在那时，贵族仍然保留了一些法庭（权力有限），作为对他们最终丧失财产权的补偿。

在这种面对面的熟人社会中，一个人的声誉，包括社会的、道德的和经济的声誉，是他或她的“信誉”。被纳入一个贵族的麾下并不是失败的标志，因为贵族应该保护和提升他们的走卒：贵族越强大，附庸就越富有，反之亦然。地主独立行动的能力因贵族身份的义务而受到严格限制：有时，贵族可能是他们佃户的工具，而不是相反。

在亚当·斯密教会人们区分经济效用和个人情感之前，苏格兰人（和英格兰人）一直认为经济是极富人格化的——几乎是道德化的。只是从 18 世纪中期开始，非人格化的市场力量在调解人与人之间的关系时才逐渐发挥作用。这就形成了“阶级社会”，这一概念在德国思想家卡尔·马克思的《资本论》（1867）中为人熟知。一种源于工人生活经历（比如煤矿开采或工厂劳动）的共享群体意识，以不同的方式在社会、文化和政治方面表达自我，比如在工会、出版、教育方面，他们还寻求代表权。

19世纪和20世纪的阶级社会中，中产阶级和工人阶级往往各自追求自己的利益，偶尔还会起冲突，代表工人劳动者的工党的成立就是例证。在此之前，社会由土地贵族主宰，苏格兰土地贵族的数量和英格兰一样多，但英格兰的居民数量是苏格兰的五倍。20世纪之前很难低估贵族的重要性：相对于社会服务而言，他们肯定是自私、贪婪、吝啬的，但出于责任感以及自利意识，在王权衰弱的时候，贵族维护了社会和政府的运行；一些标志性的事件就是由有着明确原则和激进意图的人所发起的运动，其中最著名的就是宗教改革和苏格兰革命；贵族是农业革命和工业革命的中坚力量。当然，有钱有势的人在历史上留下了他们个性特征的最大印迹。焰火般绚丽的蒙特罗斯侯爵詹姆斯·格雷姆，或许在战争中站错了队伍（他站在保皇党一边，但仍然光彩炫目），他在1650年惨淡地死去，但比起他那些盟约的对手，他的生命更绚丽多彩。

“绚丽多彩”可以成为很多事情的借口，但贵族支配的社会，尤其是对乡村社会的支配，却有巨大的社会代价。大多数在土地上劳作的人都没有土地。“土地租约”，尤其是宗教改革前后教会土地的租约，有助于创造一个较小的土地占有者阶层，或“庄园拥有者”（贵族）阶层，这一阶层在经济上相当于英格兰的约曼不动产保有者（虽然数量不多），在社会上接近士绅。然而，1830 年的苏格兰有 7500 名地主，到 19 世纪 70 年代，1500 名地主拥有 90% 的土地。土地租约通常都是短期的，佃农很容易就被赶出他们的土地，却得不到任何租金。

佃农以下，是无数比佃农还低下、生活在黑暗阴影中的乡村无产者，或者说“茅舍农”，他们构成了中世纪和近代早期人口的三分之一，他们的生活更不稳定。让苏格兰人如此适应国外并被其同化（因而往往在种族上毫无痕迹地淹没于白人中）的一个原因，是他们在国内就非常适应不确定、变化和迁徙的境况。最著名的 1381 年英格兰农民大起义，在苏格兰没有发生同样的事情，因为从 14 世纪中期开始，奴役关系就从苏格兰消失了；重赋或常规税收，因所有社会阶层都不喜欢而被免除了；而且，苏格兰贵族对农民的经济控制和社会控制比英格兰强得多。

苏格兰具有流动性和韧性的乡村社会，解释了为什么18、19世纪会轻易发生那些重大变化。到19世纪20年代，低地社会的地主、佃农、无地劳动者之间已形成两极分化，大多数佃农以下的人以及众多小佃农都从土地上被轰走。在洛锡安，劳工大多是已婚男子，报酬主要是实物。苏格兰的其他地方（像东北部），小农场主和单个的仆人（住在屋内或屋外的“茅舍”或“宿舍”），他们的劳动在英格兰都是由雇用的日工所做的。额外的劳动需求由妇女儿童以及来自高地的季节性流动工人（因低地需要耕种）来满足。

结构性的依附解释了苏格兰为何没有发生类似1830年英格兰南部“斯温船长暴动”的事件。19世纪无处安身的苏格兰农民可以选择受雇于城市或海外，而在乡村，地主的权力仍然很大。在一位工人阶级的自传作者、边区的鞋匠看来，地主“受到他的影响力以及赞助权利的保护，以铠甲反对一切钳制正义的虎爪：实际上，他就是那位所谓国家正义的世袭制造者”。宗教也为平静和自信提供了充分的理由。

这并不是说没人反对社会经济的变化。城市

居民受地主支配越少，就越能表达自己的情感，虽然在工业革命之前，他们的人数很少。举个例子，1615 年，女王总管及其官员在本泰兰受到袭击，并被一群妇女“以（无法无天的）亚马孙强盗的方式”殴打，这群妇女的意图是阻止他们强制实施一项朝廷法令。食物骚乱让 18 世纪的一些城市感到震惊，任何看似不可避免的征税都可能会遇到严厉抵制。拿破仑时代和 1820 年的一系列重大“叛乱”中，都有真正的激进分子。

表达社会和政治观念有更巧妙的方式。不受欢迎的地主或雇主可能会因流言蜚语、挖苦讽刺或暗地暴动而迁往其他地方（有时会整个家族一起迁移），由此势力被大大削弱，甚至被摧毁。一些宗教改革遭到剧烈挑战，教派分野可以表现出阶级差异。当庄园主禁止在其土地上进行礼拜仪式时，自由教会就在停泊于苏纳河的一艘驳船上进行集体礼拜。另外还提出法律诉讼和政治游说，19 世纪的工会与早期的工匠及熟练工人协会一样，它们希望在法律范围内根据公正和道德的原则行动，希望作为雇员提高它们的待遇，而非作为全体来改变整个与它们有利害关系的社会。19 世纪末的自由教会与高地佃农（小农场主）合作，以保证租约的合法变更。即使是弱者，也有武器。

然而，贵族权力无处不在，景观中就留下了他们的痕迹。从 12 世纪起，重要的核心村落就在东南部形成，其他地方的农业据点都比较分散，直到 18 世纪的农业革命才有所改观，其景象更容易让人想起斯堪的纳维亚而非英格兰。对地主们而言，重塑乡村景观在法律上很简单。构成英格兰地方立法重要内容的圈地法案在苏格兰是没有必要的，因为 17 世纪末的一系列法案巩固了地主的权力，他们在自己的土地上喜欢做什么就做什么。结果显而易见，18 世纪 80 年代到 19 世纪 50 年代，苏格兰人打造了 130 个与众不同的被规划的村庄。这些村庄包括柯林斯堡（法夫）、埃兹尔（安格斯）、新皮茨里戈（阿伯丁郡）以及像因弗雷里（阿盖尔郡）这样完整规模的城市 —— 因弗雷里在 18 世纪六七十年代被夷为平地，此后又整个被重建起来。所有这些都证明了土地所有者对新的、改善的景观规则以及他们加在这些景观之上的财富和权力的看法。18 世纪

“新城”项目的开发具有讨人喜欢的统一性，这也源于地主拥有把土地租赁给建筑商时将建筑视图具体化的能力（见第七章）。

一些家庭被赶出土地，但农业仍然需要它们提供劳动力。被规划的村庄解决了这些家庭的问题，这些家庭中的人口最终成为纺织之类的手工匠人。纯粹工业性的村庄是新拉纳克，它于1785年作为棉纺厂而建成，并被改革者罗伯特·欧文打造为模范社区。欧文发自内心地相信教育，在其著名的“性格培养机构”（1816）里不仅教育孩子，还教育大人。地主的政策甚至触及性和婚姻。比较一下两个毗邻的教区，一边是班夫郡的格伦戈和洛特西梅（Rothiemay），另一边是内赫布里底群岛的泰里岛，这一比较就能解释地主政策如何深刻地影响18世纪末19世纪初苏格兰农村的人口统计实践和人口水平。班夫郡的农场兼并和公用土地圈占使得夫妻建立自己家庭的过程越来越难，结婚年龄越来越大，反过来导致出生率的下降和人口停滞；1871年，非婚生子率达到了30%。而在泰里岛，阿盖尔公爵的政策带来了早婚和相对低比率的独身生活的状况，结果创造了许多小农场和细分的租约，从根本上促成了人口过剩和贫困。

直到19世纪，政府实际上由贵族及其掌控的人员构成。国王支持他们的精英统治，因为没有成功的贵族治理就不可能统治国家。他们帮助那些失败者走出困境，乐于将荣誉授给那些有抱负的人和成功者。1611年，詹姆斯六世（詹姆斯一世）为了给乌尔斯特的军队提供资助推出了准男爵继承制——这些人并不是真正的贵族，并在1625年将这一计划推广到苏格兰，将钱用于建立新苏格兰[1]殖民地。再后来，劳合·乔治首相在商业基础上做这些买卖，但《荣誉法》（1925）的滥用并没有终结，其结局得看《政党法》（2000）是否能够成功。

几千年来，绝大多数人民在这片土地上生活，土地是食物、能量、原材料的源泉，是社会地位和政治影响之本。土地仍然有极高的威信，并被两极分化的所有权进一步强化：苏格兰的农村土地是私

1 Nova Scotia，拉丁语意为“新苏格兰”。在法语和苏格兰盖尔语中，该词都直接翻译成“新苏格兰”。参见 https://en.wikipedia.org/wiki/Nova_Scotia。

人所有，1250人拥有三分之二的土地（四分之一的土地掌握在66个家族手中）。幸运的是，几百年来，苏格兰法律允许步行者以及其他打算对土地负责的人几乎可以普遍使用土地。

然而，土地的经济力消失不见了。遗产税和不断变化的财富来源、城市化和民主化的不断加剧，这些都褫夺了20世纪贵族的财富资源和影响。1917年，乔治五世引入了新的荣誉体系，奖励公共服务和志愿部门，从而使君主制脱离了贵族制。像阿盖尔公爵（数个世纪以来，阿盖尔家族一直拥有财富、社会势力和强大的政治影响力）和马里伯爵这样成功的现代贵族也在进行转型，对地产进行现代化管理，扩大房产和旅游产业的范围。现代苏格兰有超级富豪，但他们是商人，整个社会在根本上还是资产阶级的。

高地

一些非苏格兰人认为高地才是苏格兰，但实际上高地只是苏格兰的一部分，其重要意义在过去和现代都与低地迥然有异。尽管如此，高地在缔造历史上的苏格兰、创造苏格兰身份认同背后潜在的紧张关系方面仍然是非常关键的。

单从地理位置上说，高地和群岛向来是分开的。罗马人最远抵达马里湾，爱德华一世也是如此，但他们以及其他人在撤退时面对的却非真正的高地人，罗马人撤退到安东尼长城后面（在福斯河和克莱德河之间），然后是哈德良长城（从泰恩河到索尔韦河）。他们的其他边界是海洋，因为罗马人没有占领北海或爱尔兰海，因此苏格兰、西北欧、斯堪的纳维亚和爱尔兰之间的影响和反影响长期以来此起彼伏，冲突不断。高地的交通一直很困难，直到卡洛敦战役后，为了军事目的而改善道路和桥梁，状况才有所好转。然而，迟至 20 世纪 60 年代，从威廉堡到阿德纳慕亨半岛（Ardnamurchan peninsula，英国大陆最西端）50 英里的旅程，开车 4 小时才能走完。

地理上的差异伴随着政治社会分离的历史。中世纪苏格兰王国得以成功形成的原因之一，是君主接受了其组成部分即盖尔人和布立吞人的不同传统。但高地和国王（以及低地人）的政治联系在14世纪初发生了变化，高地中部酋邦中一些整合良好的权贵被越来越少的酋长取代，后者的地位取决于战争，这种状况破坏了秩序和统治。高地社会长期以来都不同于低地，但这种差异从14世纪才开始明确化，当时的统治者反对其中一部分传统，而逐渐把那些人视为“野蛮的、残忍的高地佬”（wyld wikked hielandmen）。

高地社会表面上比低地简单，因为它的经济主要由农业和渔业构成，那里几乎没有城市。但就社会关系和态度而言，高地就复杂多了。人们与土地的关系以及彼此之间的关系分为三个主要阶层。第一阶层是地主，中世纪的酋长，他们将地产留给中间人（通常是主要家庭的幼子）管理，这些人即所谓的“小土地占有者”（tacksmen），他们反过来将土地租给次一级佃农，佃农再租给小佃农和茅舍农。一小块土地（tack[1]）就像一份租约，但苏格兰的

1　Tack，是指17、18世纪苏格兰高地氏族社会的一小片土地，拥有这片土地的人被称为“佃农”（tenant）。参见http://www.petestack.com/tacksman.html。

租约仅仅意味着一种占有权，而非英格兰的财产权。

18 世纪，随着地主或中层地主优先权的转变，高地社会经历了各种变化。很多人实际上拒绝承认几个世纪以来有那么多贵族。因为掌管氏族的酋长是以亲缘关系、租约关系、宴请和馈赠所形成的纽带为基础的。17 到 19 世纪，地主或小土地占有者拒绝履行的管理和照顾义务似乎并不明晰，但农民却强烈地感受到这些义务，并极为珍视它们。其核心意思是所谓可继承的共同所有权（duthchas[1]），这种权利意味着领主掌管土地是受他手下那些人的委托，他有强大而又不成文的义务。而在低地，写明条款的才有权利，没写明条款的就没有任何权利，除非领主出于自己的理由承认权利。土地租约使得社会高度流动。一些人实际上世世代代耕种着同一片土地，但几个世纪以来，高地的佃农租地周转率

1 duthchas，苏格兰盖尔语，其意思很难准确地对应到英语中，大体上是指特定地区的土地所有权，这种权利根源于一个氏族全体人民共同所有的特定地区的古老世系传统。这种共同拥有土地的观念从未被记录下来，随着时间的推移成为一种风俗，作为一种事物的自然秩序而被高地人所接受。参见 http://www.clanjames.com/duthchas.htm。

却像低地一样高。大多数农民租地都是随心所欲的（或心血来潮），因此，即便在17世纪，几乎都没有持续性的镇区或“乡镇”。

土地所有者一般会顾及农民的利益，同时也维持对他们而言重要的、庞大的“被庇护基础”。最初，他们通过重新分配劳动力供给来对应18世纪的人口增长、经济转型，以及他们自己不断变化的优先权，因为他们的权利能够让他们那样做。然而，随着时间的推移，他们在人口拥挤、经济边缘的渔村或工业上缺乏持久力的工业企业（像从海边收割海藻充当肥料这样的企业）中采取整体驱逐或殖民行为。后来，他们尝试移民计划。

人口减少不是故事的全部。良性的地主政策和渔业的充分就业让刘易斯岛的人口在1841—1901年间从17 000增长到29 000。尽管如此，苏格兰高地作为一个整体，在18、19世纪人口逐渐减少，给低地和海外移民造成了一种长久的怨愤，高地的这一现象并没有在低地出现，这就加剧了地区间深刻的历史差异。19世纪，高地经历了欧洲其他地方在深度和广度上都不曾有过的社会剧变。

当今，90% 的苏格兰人居住在低地，大多数人住在核心地带的城镇和城市。苏格兰拥有不列颠三分之一的陆地和十分之一的人口，高地的人口密度每平方英里只有 23 人（格拉斯哥是 8550 人）。西北地区的大片土地荒无人烟，无人居住，除了鹿，连大型动物都没有。然而，1755 年，苏格兰一半人口都生活在北部和西部，显然，这里有充足的资源维持大量的人口吃喝、打斗和馈赠。自 17 世纪起，将牲畜从高地和群岛赶到低地以养活低地人（后来甚至还有英格兰城镇）成为一项大生意。

历史上人口缩减的程度确实令人触目惊心。1841 年，天空岛养活 23 000 人，一个世纪后是 10 000 人。更极端的是泰里岛，目前除了冲浪季节，其人口只有 700 人，而在 1831 年，这里可是有 5000 多人。

高地与苏格兰认同

对苏格兰移民的传统理解集中在被剥夺的高地人上，但这只是故事的一部分（见第六章）。高地的形象在现代概念化的苏格兰历史中也扮演着一种极不相称的角色。现实还是那么复杂多变。实际上，将高地生活的物质方面（石楠和蓟花、风笛和格子裙）与苏格兰象征这二者联系起来，是18世纪浪漫主义复兴时期伦敦人的发明，19世纪一二十年代，伟大的托利党人和君主制主义者、小说家沃尔特·司各特爵士（1771—1832）掀起的那场耀眼夺目的公共关系运动巩固了这一联系，而维多利亚女王（1837—1901年在位）则将其制度化。

司各特的小说早已播下了种子。当时，他意识到新国王乔治四世（1820—1830年在位）需要一番改头换面，他还规划了1822年乔治四世对爱丁堡的造访（自1651年查理二世加冕后这是头一遭）。从一个层面上讲，司各特1822年的作品是极其愚蠢的，那位胖到超重的国王被套进虚假的高地礼服，向“苏格兰的宗族和酋长”致敬，而他的祖先却曾试图削去那些人的势力；从另一个层面上讲，这个作品又是极其精明的，它宣扬了一个新的苏格兰形象，即它在联合中的政治从属地位是平行的，并为汉诺威人奠定了一种统一的民族认同感。司各特帮助普及了苏格兰人等同于高地人的浪漫形象。他的道具之一便是花格子，另一个道具便是短褶裙，这种裙子是 18 世纪 20 年代一个英格兰人发明的：高地人传统上穿戴一件被称为“毛呢长披肩”的花格子布，这块格子布垂在臀部以下，或者像裤子一样收拢起来。通过巧妙地营销其与名字或氏族的联系 —— 甚至是低地的名字或氏族 —— 花格子作为一个民族象征成为苏格兰 – 不列颠帝国的一部分，并获得了重要的意义。

作为一种文化上的爱国主义，这种捏造的詹姆斯主义或盖尔主义，仍然成为不列颠人的一部分。从 1842 年开始，维多利亚女王就特别喜欢高地，自此，她为王室塑造了一种多元的、“苏格兰化的”形象。1848 年，女王买下了阿伯丁郡的巴尔莫勒尔地产，从此，它就成为温莎王室的度假胜地。为了寻求和解而非赞扬其讽刺意味，女王和她的丈夫阿尔伯特王子乐意穿上斯图亚特的花格子，也乐意采用他们自己的发明。

司各特在把高地不能接受的那一面转化成某些值得崇拜的事情之际，还有更多需要解释的问题。

罗伯特·麦格雷戈（Robert MacGregor，后来的坎贝尔）或罗布·罗伊（Rob Roy，1671—1734）是一个（貌似可信而且讨人喜欢的）偷牲口的盗贼、骗子、勒索犯、叛徒，他借助自我宣传和一位虚构的传记作家之口，逐渐转变为苏格兰版本的罗宾汉。到了1818年，他在司各特的笔下变成了民族文化的象征：一个低级趣味的骗子。司各特制造了一种可接受的苏格兰特性，以捍卫汉诺威王朝和帝国试验，赞扬苏格兰社会的混合特征，邀请后詹姆斯党、后启蒙时代的读者拥抱一致认同中的多样性，承认政治稳定和经济变化为他们带来的好处。

司各特意识形态化的发明是一种妥协；自文艺复兴以来，低地人和高地人之间的敌对从未实现这种妥协。那时候，低地人对于明显美化他们眼中的野蛮落后之地的行为感到胆战心惊。从19世纪20年代起，爱尔兰开始急切地移民，他们的态度坚定并蔓延开来。后来，维多利亚时代的苏格兰人表现为进取、勤奋、得体、有秩序（当这些特征没有被夸大时便是褒义），他们得到了比爱尔兰人好得多的宣传，而爱尔兰人反过来则被写成忘恩负义、懒惰、邪恶、半野蛮的。然而，总有一种不舒服的感觉，那便是高地人身上更多的是爱尔兰人的气息。低地苏格兰人从18世纪对高地人、19世纪对高地和爱尔兰人的矛盾心理中，生发出一种种族认同感，而英格兰人缺少这种感觉。低地人认为对自由主义、自由贸易、经济改善的追求，在一段共有的民族史中没有族群的基础，但有一种永恒不变的种族特征。

受整个欧洲种族主义发展的刺激，19世纪一些苏格兰知识分子开始为他们的民族寻找种族基础，他们提出“谁是苏格兰人”这样的问题。他们找不到共同的血统，相反，只有混淆的身份。最重要的是，曾被贬低的地区（苏格兰盖尔区）特征鲜明，与不列颠的盎格鲁-撒克逊区（他们的苏格兰维度包括一种主张，即民族源于皮克特人而非盖尔人）截然相反。苏格兰从未有过单独（或者甚至是单一）的族群，这一事实意味着根据欧陆模式创造民族主义的努力注定失败。低地人在某种程度上与英格兰人共享身份认同，这意味着绝大多数苏格兰人热烈地支持联合、参与帝国，以及更冷静、理性、体面的君主制，而非 1848 年后欧洲危险的民族主义。低地人尤其认为苏格兰的盖尔传统往坏了说是一种尴尬，往好了说是一场配角的穿插表演。过去与现在的矛盾众多，其中之一是苏格兰民族主义，这是一种令人费解的种族认同感。（苏格兰人像谁？）

令人害怕，被误解、被诋毁或被情感主义化，苏格兰高地人保留着鲜明的社会和文化特征，也展现了“苏格兰性”和“英国性”的元素。精英们将高地置于与英国其他地区互相支持的关系中，强调它如何为帝国提供军队和粮草，从而试图弥合其与低地的鸿沟。然而，整个 19 世纪，高地社会本身在财富、教育、语言和景观方面仍然与低地社会存在隔阂。司各特的同时代人詹姆斯·霍格（James Hogg，1770 — 1835）以及后来的查尔斯·麦凯博士（Dr Charles Mackay，1814 — 1889）创作了一系列暗示文化一致的诗歌，但还是忽视了过去与现在社会和文化的分层。

如果一些高地人致力于整合，另一些人的回应则是寻求对自己不同身份的支持，比如，1893 年自由长老派教会的创建。逐渐消失的盖尔语是另一个焦点（见第七章）。土著居民与外来人、独立与从属这些相互抵消的影响构成了苏格兰历史，但苏格兰本身的内在紧张、低地与高地最深刻的历史冲突也塑造了苏格兰历史。

现代高地

就高地人的身份认同而言，比语言、族群或宗教更重要的，是他们与家庭、社区和土地的情感联系和物质联系。从黑暗时代到20世纪，高地精神中流行的是通过亲近土地而纾解的相互关联的亲缘感和空间感。

最直白的表现方式在于强劲的反抗传统中——高地人认为他们以前的酋长违背了可继承共同所有权，因而他们一直抵制这种行为。强制驱逐导致19世纪中期的对抗，但后来的运动更具建设性，运用模糊但重要的可继承共同所有权观念以及数个世纪以来古老回忆的资源，把被征用的土地还给曾经耕种过它的那些人的后代。“土地劫掠运动”开始于

19 世纪 80 年代，并一直持续到 20 世纪 20 年代，那个时代的民谣和诗歌都纪念了这一活动，法夫的现代艺术家威尔·麦克林（Will Maclean）在现代西部群岛贫瘠景观的怀古雕塑中也体现了这一点。

从 1886 年到 20 世纪 20 年代，高地长期以来根深蒂固的“双重所有权”概念和“所有者使用权”概念之间一直存在政治冲突。自由党致力于通过保证小农场佃农的可靠租约来减少地主的影响；保守党希望将地主从他无利可图的佃农土地中解脱出来，并赋予佃农所有者占有权。改革在继续。1883 年，纳皮尔委员会帮助解决了租金和租约的争论；1886 年，佃农持有法减少了地主对佃农的影响。1897 年的法案彻底改革了高地，但当时的情况是需要改变农业和畜牧业的态度，而这一点被佃农回避了。农场社区本身不仅在土地所有者和使用者之间是一分为二的，而且在佃农和茅舍农之间也是各自分开的——佃农持有小块土地，而茅舍农只能作为劳动者或被容忍可以擅自占用土地。佃农想要更低的租金、可靠的租约（所有权不是必需的），更大、更富饶的田地；茅舍农只想要田地；所有人近期都想拔掉围栏恢复放牧。对维多利亚和爱德华时代的佃农而言，土地就是安全和地位的象征。

土地仍然重要，但现代高地的身份认同更多聚焦在它欠发达地区的地位以及从政府或欧盟寻求经济、社会利益的政治诉求上。这种趋势始于19世纪初，那时，英国历史上第一项重要的公共工程项目在高地进行试验，财政部把重金投到公路和桥梁上，以改善公共设施，创建就业。1965年，高地和群岛发展董事会成立，巩固了这一成就。其成功表现在人口增长，尤其是在天空岛，而当时苏格兰整体人口在下滑。

重整旗鼓的障碍仍然存在。一些人对高地怀着一种浪漫主义的情怀，但高地环境糟糕，人民生活困苦。20世纪高地的移民主要是努力逃避“不被清除”（其动机说明了强制性的人口再分配）的年轻人，但家庭农场会自我剥削。1930年，圣基尔达岛应当地居民的要求被彻底清空。

现在找工作很难，住房则更难。苏格兰不同于挪威或尼德兰，它没有立法限制非当地人或非本国人对房屋和土地的所有权。玛格丽特·撒切尔首相卖掉了很多市政公房，因此租房就困难了。买房几乎是不可能的。像普洛克顿（罗斯－克罗马蒂）那样遥远的、风景宜人的乡村，房价几乎接近城市水平，远远超出当地收入。毫不奇怪，这让改变经济总体情况变得更难。怨愤情绪已经蔓延到“英格兰人出局”、抵制二套房的小规模运动中，因为一些人认为他们让苏格兰大农村成为繁荣的玩物，其社会代价是不可接受的。

高地地区持续存在的社会问题尤其体现在酗酒和男性自杀率居高不下的现象上。更具建设性的是，反对天空岛过桥费（1995 — 2004）的艰苦而成功的运动，以及承租人从没有所有权的阿辛特地产（Assynt，1993）、爱格岛（1997）土地中收购股份的运动，都表现出一种强烈的集体记忆和强大的平权运动传统。

高地苏格兰和低地苏格兰的地区特征逐渐模糊，但对游客和新来者而言，北部和西部的人民仍然有一些自我封闭的、危险的东西，阿勒浦、勒威克、洛欣弗这样的地方仍然给人一种边界的感觉。

| 第五章 |

经济和环境

05

农业千年

欧洲有人居住以来的历史至少有 5 万年，似乎在气候宜人的旧石器时代早期（公元前 2.5 万年），稀稀拉拉的游牧群体可能迁往北部不列颠。然而，所有的人类足迹都被冰川时代覆盖掩埋，大约在 1 万年前，人类足迹在苏格兰终结。冻冰有助于人类居住，在对全球变暖的逆转中，水结成冰，海平面急剧下降，这就在不列颠和欧陆之间、在苏格兰和爱尔兰之间形成了堤坝。中石器时代（直到公元前 4000 年），气候继续得到改善，树木、动物，最终是人，向北迁徙。

早在公元前 8000 年，人类再次居住在苏格兰，但最早的、有记录的据点是公元前 7000 年拉姆岛上的一群猎人。广泛的定居直到公元前 6000 年之后才开始出现，但在西部群岛发掘的众多考古遗址表明，殖民者显然是技艺高超的水手。这一时期，相对简陋的早期狩猎被广泛利用陆地、河流和海洋等环境资源的“狩猎 – 采集”方式取代。然而，这些人仍然过着游牧生活，他们季节性地迁移，留下有限的考古遗迹。他们的少量人工制品表明，来自英格兰的定居者要少于来自爱尔兰和北海盆地的人。陆地分离，海洋汇合，一切就像几千年来一样。

从公元前 4000 年起，狩猎 – 采集或多或少成为定居农民的生活方式，他们培植庄稼、驯化动物，发展新技术（包括制陶），遗留下的证据说明他们有成熟的社区文化和信仰体系。新石器时代（直到公元前 2500 年）与中石器时代交错重叠，数千年来，部分要感谢丰富的资源，人类多少适应了和平地迁徙，部分要感谢气候和技术的变化，以及它们所带来的生活方式。

黑暗时代的苏格兰可能不像后来那样贫穷。考古学家发现了宝藏，以及南方国王和斯堪的纳维亚人认为它值得掠夺，这些事实都说明苏格兰不穷。

中世纪后期也是如此，除了疾病或战争（如 14 世纪初期那样）肆虐之时，苏格兰的人口都保持稳定，直到 16 世纪末和 17 世纪，人口增长和恶劣的气候导致了普遍的饥荒。前现代的经济和现代资本主义一样脆弱。17 世纪四五十年代，战争打断了经济，糟糕的收成造成苦难重重，瘟疫带走了大量人口，这段时间对苏格兰来说是一场经济灾难。黑市放贷的利息率史无前例地高达 15% ~ 20%，这一利率直到 20 世纪 70 年代才再次出现。17 世纪 90 年代末，苏格兰经历了饥饿、人口迁移，以及疾病引起的高死亡率。

几百年来，根据地理、土壤和气候的不同，苏格兰的农业混合了农耕和畜牧业，并形成了专业化的格局 —— 高地地区进行牲畜和绵羊养殖，低地地区种植粮食。但直到 17 世纪，洛锡安人才开始效仿荷兰，进行重大的农业变革，以回应来自爱丁堡不断增长的需求。佃农数量减少，农场规模扩大；农田系统也被重新组织，从混合的条块所有制（小块土地所有制）变为整合一体的股份制；施肥、撒石灰以及轮耕这些新技术让土壤变得更加肥沃。1750

年之后，苏格兰低地地区迅速跟进。

1750 至 1850 年，这一个世纪通常被同时代的评说者以及后来的历史学家称为农业的“改良”时代。这一系列变革创造了有序的现代景观，包括田地、小路和大量农舍，这是大幅提高农业产量的必要前提。感谢现代化，现在每年不到一个“日工”就能照料 1 英亩大麦，而 1840 年则需要 22 个“日工”，那时，低地农业仍处于世界领先地位。自 1750 年起，农业改良和贸易、工业领域的经济多样化促进了苏格兰人口的日益城市化。1650 年，只有 3% 的苏格兰人居住在大城市，1841 年则有 30% 住在大城市。1841 年，四分之一的人口在农业领域工作，1911 年只有 10%，今天则仅有 1%。

工业化

18 世纪以前，苏格兰就有制造业。新石器时代就有了制造业据点，比如制作石斧（尽管这些技术也是从北爱尔兰传入的）。铁器时代的人民最先把矿产资源用于制造业，但煤矿开采仅在16世纪才开始出现，而矿场使用的挖矿学徒工的身份相当于奴隶。洛锡安和法夫的早期煤矿生产被用于家庭炉灶、煮海水制盐，但在18世纪煤产量急剧增加。1700年，法夫每年的煤产量只有几百吨，而1913年，产量则飙升到每年近1000万吨。19世纪以前，大多数其他制造业都是分散的、小规模的“家庭作坊”，使用简单的工具加工有机的、农业衍生出来的原材料，如木材、皮毛或植被。

1780年以前，本地制造业发展缓慢，但几个世纪以来，苏格兰人的经济利益都在众多海外事业上，经济成就也是通过与其他民族无处不在的通商往来取得的（最著名的是斯堪的纳维亚和波罗的海），这也预示了1707年之后农民在不列颠帝国的作用。苏格兰也有国内产业和贸易：17世纪末，几十个新市场中心在低地拔地而起，多达三分之一的人口有一份非农业的工作，如纺织业，当然这些往往是兼职的。18世纪也有像煤矿、造船业、卡伦炼铁厂（斯特灵郡）这样的集约化企业，但直到19世纪20年代，工厂才真正成为一个工业特征。

苏格兰人有着基础性产业，与欧洲的贸易联系广泛且成熟，他们在18世纪进行了经济化管理，一如数个世纪之前那样，但不可思议的是，没有1707年联合后的英格兰殖民市场和国内市场介入，他们竟然也做得很好。一个重大赢家是格拉斯哥，它在18世纪的繁荣基础是烟草以及其他像糖这样有殖民地资源的杂货经济，而且17世纪时，它就已经从奢侈品市场转向大众市场的商品。1560年，格拉斯哥只是苏格兰按富裕程度排名位列第11位的城市，1660年就成为仅次于爱丁堡的城市（那时仍然是最富裕的城市），到18世纪中期就变成了最大的城市，现在它的人口是65万，而爱丁堡的人口是45万。像布里斯托或利物浦这样的城市发家于殖民贸易，但格拉斯哥没有像这些城市一样参与奴隶贸易，尽管在英格兰之外有苏格兰人的奴隶贩卖船，南部殖民地和加勒比地区也有苏格兰的奴隶主。

从中世纪开始，像格拉斯哥这样的城市就已经制造货物，买卖交易，提供各种服务。在东海岸，邓迪显示了另一个大城市的经济变化过程。中世纪的邓迪在规模上是仅次于爱丁堡的第二大城市

（1296年，它是52个皇家自治市镇之一），它进行贸易和航海，以渔业和捕鲸业供养造船业：1901年，斯科特乘坐的南极科考“发现”号巨轮在此正式下水。18世纪邓迪有亚麻制造业，随后19世纪是黄麻生产（来自印度的一种类似大麻的织物）。水果加工和出版业也是19世纪和20世纪的重要产业。19世纪的邓迪以它精美的公共建筑引以为傲，而且在这方面它也是成功的。就业机会偏向妇女（四分之三的黄麻工人是女性），男人的工作往往让他们远离家乡，这让邓迪成了一座“女儿”城，从而引发了一场强大的妇女参政议政运动。

更常规的是，当劳动力需求高涨时，人们期望妇女承担各种多出来的工作；当需求下降时，妇女应该把机会让给男人。但是，在工厂建立很久之前，妇女就是非常重要的工业工人：因为17世纪或18世纪，每个男性纺织工人需要雇用三到四个妇女和儿童为纺织品准备原材料。1901年，大约三分之一的苏格兰妇女做着付薪的工作，但已婚妇女有偿工作的比例在那时是英格兰的一半。男人被当作真正养家糊口的人，就业是男子汉身份认同的重要内容。迟至 20 世纪 70 年代，人们仍然期望妇女结婚之后停止有薪工作。

妇女就业的工业大多数是纺织业，集中在兰开夏、伦弗鲁以及东北部低地，而像钢铁锻造和造船这样的工业，19 世纪主要集中在格拉斯哥及其周边。格拉斯哥圣罗洛克斯建筑群是当时世界上最大的工厂，而 1896 年，佩斯利的 J. & P. Coats 和 Clarks 两家制线公司合并，创建了英国最大的制造公司（世界上第五大公司）。1760 年以来的两个世纪，克莱德造船厂成为苏格兰工业成功的典范，其厂房总体来说是 1914 年世界上最大的。

图 9　福斯铁路桥是现代苏格兰最著名的标志，也是 19 世纪引人注目的工业成功的典范

到1911年，苏格兰的经济和英国其他地区的经济相似，工业、纺织业和服务业兼而有之。尽管只占英国GDP的10%，但20世纪的头些年标志着苏格兰资本家的权力和影响力达到巅峰，他们控制了英国重工业的核心，并发挥着重要的政治影响。他们的财富隐匿在一个独立的苏格兰银行系统，这些财富让他们能够投资航运公司、铁路公司，做矿产投机，以及投资北美和南美、澳大利亚、南非的广阔农田。1888年建立的联合信托公司，是一家以邓迪为基础的投资信托公司，它把资金都用于发展澳大利亚和北美的基建设施，该公司目前是英国最大的投资公司。在苏格兰境内，福斯铁路桥于1890年启用，至今仍是这个国家最受国际认可的标志。

苏格兰紧密地整合进帝国权力结构之前或之后的任何时候，都不如它在第一次世界大战之前那样有助于建立并运行那些结构。而且，任何时候它的经济都没有如此重要的地位。苏格兰的社会是和平的，但问题仍然存在。它有着英国境内最糟的贫民窟。社会阶层和政治忠诚也在不断变化。工业扩张和仁慈的家长制带来的稳定正在被阶级冲突取代。

在第一次世界大战后更加严峻的经济环境下，这些复杂的一切将创造一个完全不同的20世纪苏格兰。

环境

前工业时代的人比后工业时代的人有更强的环境意识，这是一个迷思。事实的确如此。在煤炭广泛使用之前，能源主要来自水力、木材，或人和动物的力气，因而很大程度上都是“再生能源”。直到19世纪，大多数工业原材料才被广泛利用。但事实是，人们与他们的环境共存，因为他们没有驯服环境的手段。他们随意倾倒家庭垃圾和工业垃圾：自1800年以来，使用抽水马桶的中产阶级家庭越来越多，污水流到街上，最后流到其他人的后院或河里。早期工业生产过程中使用并产生的有毒物质留下来冲掉了景观，并毁坏在那里工作的人的健康。

人们将资源利用到极限。有钱人拥有花园，或根据“各项政策”用植物装饰，早先城市的花园栽有“药用”或医用的草本植物，但其他人用那片土地种植它可以生长的任何食物。他们不去大海捕鱼的唯一理由，是因为他们没有技术。19 世纪 9000 条渔船的捕鱼数量，现在只需三十多艘拖网渔船就能从大海中捞回来。便利的森林被用来制作成炼铁的木炭，直到土地被砍秃，就像泰努尔特（阿盖尔郡）的博诺炼铁厂附近发生的事情一样，但更常见的是林地被严格管理，因为即便在中世纪，木材也是珍贵而稀少的用品，早先的农民也用掉了不少木材。

前现代长满树木的环境比现在更具生物多样性，野生动物也比现在丰富，但苏格兰自然生活中众多明显的永恒特征是相对近期才出现的。石楠直到 13 世纪才传入切维厄特丘陵，在过去 200 年，由于牧羊和造林计划，它的数量一直在下滑，但仍然占据 10% 的土地。相比之下，现在城市的覆盖率只有 3%，而林地则有 14%。气候变化以及 19 世纪中期高地大量养殖牲畜，造成居住地的蚊子从偶然可见变为一个持久的麻烦。

近年来，环境意识和环境管理取得了不可估量的进步，不断变化的情感体现在苏格兰、英国和欧洲的立法中，同时也由这些立法引导。人类最近利用自然提供再生能源的尝试对景观产生了复杂的后果。没人会对克鲁亨（阿盖尔郡，1965）这样的水力发电计划思考再三，该计划运用从高处流往低处的可控水流让涡轮机发电——然后用低谷时的电力泵水回来。核能是另一个计划。爱丁堡东边的托尼斯核电站（1988）是零碳排放的，就算只是从东海岸的主干道和火车沿线望过去，它也还是个丑八怪——靠近一样丑陋的科肯齐燃煤发电站（1967）。苏格兰另一个正在运行的核电厂是亨特斯湾（埃尔郡，1976）。敦雷核电厂（凯瑟尼斯，1966）建造的时候正是技术白热化之时，它于1998年关闭。它至少远离居民，尽管挪威人可能不同意。对于另一种制造能源的人为之物——风力发电厂对景观的影响，人们意见不一。从20世纪90年代起，有人认为风力发电雄伟壮观，利于环境，另一些人认为它噪声太大，而且位置不合适。一座海浪发电厂将于2008至2009年在奥克尼建造。[1]

1 2008年本书出版时，该发电厂尚未建造。

后工业化

自 17 世纪以来，苏格兰人一直支持自由贸易，但在 20 世纪的大部分时间里，市场资本主义给苏格兰带来的好处是难以捉摸的。短期内，第一次世界大战有利于苏格兰占优势的重工业，但 20 世纪二三十年代对煤炭、钢铁、制造业、纺织业的需求已经枯竭，这第一次造成了高达 25% 的失业率。发明市场的那个帝国开始在羊毛之类的原材料供应以及黄麻纤维这样加工好的成品供应之间竞争。苏格兰失去了重工业以及面向南方的银行服务业这样的优势，而且不能吸引像汽车制造、化学药品或消费品这样新的轻工业。不列颠的南北分裂在大萧条时期（1929 — 1936）完全暴露出来。

从此以后，苏格兰的工业与以前大不一样。战后的英国人民对国家权力充满巨大的信念。福利国家事实上极大地改善了社会基础设施，政府的干预深刻地改变了国家和社会的关系。然而，引导战后经济的尝试并不太成功。一些颇具声望的计划，诸如林伍德汽车厂（西洛锡安），因为政治原因被拿到苏格兰，但人们对消费品的需求仍然很低，经济方面多样的尝试并不比两次世界大战之间成功。像电视机、吸尘器、洗衣机这些大型电器直到20世纪60年代才在家庭中变得普遍起来，而且大多数是进口产品。20世纪60年代的海外竞争标志着深层的经济萎靡开始，1967年，女王伊丽莎白二世在克莱德河上的巡游是对引以为豪的工业历史的注脚。格拉斯哥保持了两个世纪的经济中心地位之后，苏格兰的经济中心重新回到爱丁堡。

结构性的经济问题一直存在，苏格兰最后一个传统工业消失于20世纪80年代。现在，它再也没有煤矿工人了。而现代苏格兰的经济成功要归功于金融服务、高科技产业、旅游/休闲业。20%的劳动力就职于金融业（银行业、基金管理和保险），这一行业有着悠久的传统。17世纪的一些有钱人就是放贷者，像金匠乔治·赫里奥特，他是爱丁堡乔治·赫里奥特中学的创始人。苏格兰的通货是不同的，直到18世纪英镑（sterling）的使用才普及开来，当时苏格兰人的一镑（pound）（只是那时众多通货中的一种）的价值大幅跳水，从中世纪相当于同等价值的一镑贬为一英镑的十二分之一。1694 年建立英格兰银行所依照的金融模板是荷兰，但苏格兰人威廉·佩特森（William Paterson）对其稍稍调整了一下。

苏格兰自己的银行系统在某种意义上是“不受约束的”，因为它没有最后贷款人：苏格兰银行（1695）、皇家银行（1727）以及随后的其他基金会之间的竞争提供了一个多少有点稳定的货币环境，直到 1845 年立法建立了更为严格的监管制度。苏格兰银行发行自己的货币，它和北爱尔兰的银行一样，现在仍然发行自己的货币。虽然一些伦敦人和外汇局拒绝这些货币，但它们的价值和英格兰发行的纸币完全一样。

苏格兰的发明家——电话发明者亚历山大·格拉汉姆·贝尔（1847—1922）以及电视发明者约翰·罗杰·贝尔德（John Logie Baird，1888—1946），一起让现代的计算机时代变得可能。20 世纪七八十年代，电子工业是苏格兰经济的一个成功部门，久负盛名的 IBM（国际商业机器公司）、惠普公司是“硅谷”（不是指一个具体的地方，只是苏格兰高科技产业的一个昵称）的一部分。但它的未来走向却并不清晰。因为 20 世纪 90 年代初期，天美时（Timex）撤出时，邓迪的经济一下暴跌；NCR 公司（计算机硬件、软件和电子产品公司）仍在那里，但也正在裁员。计算机是世界上最大的产业，也有一些创新的专业电子公司，苏格兰目前在生物技术、软件发展这些领域的优势比高科技的硬件方面多一些。现在在数字媒体公司的支撑下，邓迪再次崛起。

虽然有气候的千变万化（一些苏格兰人的嘲讽双关语说，全球变暖不是件坏事）、美元汇率的波动、对恐怖主义的忧虑，但旅游业仍然繁荣，尤其是历史名城以及像高尔夫、航海、攀爬、山间步行、潜水之类的户外运动，都非常兴盛。这些服务部门作为一个整体已经成为上一辈的成功故事。毕竟，人们可以买中国制造的电视机和运动鞋，但却很难将理发或鳕鱼薯条的订单外包给印度。威士忌产品只有 2% 供应苏格兰，但它是苏格兰最值钱的出口产品，在英国赚钱的出口制造品中位列第五。

第六章

苏格兰和广阔世界

06

苏格兰人与英格兰人

苏格兰人与英格兰人之间的敌意是生活中的一个事实，但并不是与生俱来的。正如第一章所说，黑暗时代的不列颠在政治和社会上都是流动的。王朝联盟和“诺曼化”可能创造了中世纪更大的统一。实际上，英格兰只是在12世纪才开始将苏格兰人（还有爱尔兰人和威尔士人）看作野蛮人和异族；从14世纪开始，低地人才察觉到高地人和他们不同（反过来，高地人也一样），1400年，一种固定的反英情绪才在某些苏格兰人中间明确起来。因此，苏格兰人和英格兰人的关系表层之下，冲突从未消失。

英格兰的诺曼国王们可能有时待苏格兰人不够公正，真正让两地关系恶化的恰恰是独立战争。严格地说，战争只持续到1328年，但间歇性的恶意冲突一直持续到1560年，这就带来了不信任、两面派、背信弃义、背叛的遗产，这份遗产仍然存留在当今生气蓬勃的苏格兰–英格兰的关系中。爱德华一世将这个雪球越滚越大。苏格兰国王的就职仪式（从1329年开始有正式的加冕礼）都在斯康宫（珀斯郡）举行。爱德华还有其他一些破坏活动，他将“加冕石”从斯康宫移走，希望盗用苏格兰国王祖先和谱系的象征。这些国王坐在“加冕石”而非站在上面，这使得它的位置十分怪异，就像威斯敏斯特大教堂加冕王座下的座椅式便桶。直到1996年，它才在保护托利党的苏格兰席位这一可怜的努力下被送回来。

后来的英格兰国王毫不费力地扩大了爱德华的遗产。早在1348年，一位编年史家就写道，英格兰人成群成群地死于瘟疫，苏格兰人是多么兴高采烈；而1435年一个游客评论说，“最能让苏格兰人高兴的，莫过于虐待英格兰人”。1400年，亨利四世率领军队前往爱丁堡，试图宣扬他作为苏格兰霸主的主张，但最终，他被礼貌地遣送回国。爱德华四世（1461—1483年在位）和亨利七世（1485—

1509 年在位）更具外交策略：亨利在 1502 年议定“永久和平”，并娶了詹姆斯四世的女儿玛格丽特，这也使得 1603 年两地共戴一君变为可能。

随着时间的推移，英格兰国王逐渐认识到，苏格兰不可能被征服，英格兰才是它唯一要关心的，尽管他们从未真正承认这一事实所暗含的独立。就他们而言，中世纪苏格兰的历史把苏格兰置于欧洲和中东历史的语境中，有很长一段时间，苏格兰的政治国家似乎对他们的邻居毫不关心。

亨利八世对苏格兰的王朝从属地位有着浮夸的帝国野心和信念，相比他父亲亨利七世，他对此的推动要努力得多。亨利八世计划让他的儿子爱德华迎娶詹姆斯五世尚是婴儿的女儿——苏格兰人的女王玛丽；1542 年索尔韦 - 莫斯战役后詹姆斯逝世，这一计划被孩子的母亲（吉斯的玛丽）以狡猾的外交策略摧毁了。亨利随后的动作毫无巧妙可言：他发起了一场“粗暴求婚之战”[1]，包括对苏格兰南部毁灭性

1　苏格兰和法国的同盟历史悠久。亨利八世打算摧毁这一同盟，故发动战争，强迫苏格兰王位继承人玛丽嫁给其子爱德华，从而削弱苏格兰人，阻拦法国人。

的攻击。

那时候，人民之间的联系再也回不到从前了。“上帝本人是英格兰人”这一主张来自1559年一篇自吹自擂的文章，该文本警告英格兰人“既不要怕法国人，也不要怕苏格兰人”。那时，英格兰的剧作家威廉·莎士比亚在《麦克白》（1605—1606）中把苏格兰人塑造得和英格兰人一样高贵文雅，即便有此相助，詹姆斯六世/一世还是希望苏格兰人将会忘记英格兰人的傲慢无礼，创造一个“一致消除仇恨”、忽视几个世纪历史的联盟。

制度化的歧视和偶然性的种族主义都会触动身在英格兰的苏格兰人。一些律师对于为苏格兰人要求英格兰公民权感到十分乐观，但1492年，亨利七世通过了一项法案，把没有入籍的苏格兰人从英格兰驱逐出境。边区人因几个世纪以来的侵袭对其邻居怀有复杂的心情。15世纪，在英格兰北部把某人错误地说成苏格兰人是可以对其进行控告的，而纽卡斯尔的行会则直接拒绝接受苏格兰学徒。

作为经济移民，后来的苏格兰人在18世纪的流行艺术和流行文学中屈尊俯就或被诽谤中伤，漫画恶搞苏格兰人小气、狭隘的行为和志向，这为19、20世纪媒体对苏格兰人的刻板形象奠定了基调。18世纪在伦敦找工作的苏格兰外科医生，在心怀不满的观察者眼中就像“一群贪婪的秃鹫”，而哲学家大卫·休谟及其同时代人布特伯爵这位乔治三世以前的家庭教师、18世纪60年代的政治领袖，都亲身感受到了那里的反苏格兰情绪。苏格兰议员和同侪，或者用私下取悦现代同辈的话说，被描述成“非常适合经商的一类人，爱搞阴谋诡计、狡猾、欺诈他人”。即便苏格兰人有功于英格兰社会，他们还是会有疏离感，他们仍然意识到文化模式、经济机会和政治焦点都在英格兰。

文化影响

历史上的苏格兰人和他们的现代继承人一样，只有当他们不得不思考英格兰时才会去想一想。几个世纪以来，欧洲都在做整体思考：从罗马教皇到波罗的海和低地国家的贸易，再到法国的教育和外交政策。英格兰的影响是有的，但直到18世纪，它只是众多影响之一，而在像教育、法律、宗教这样的重要领域，英格兰在其中是最无足轻重的。从那时起，一个世界帝国也出现了。

欧洲为苏格兰提供了战争、外交、商业和文化焦点，这些焦点经久不衰、不断变化。和法国缔结的“世交”提供了对抗英格兰的军事支持，尽管这一“世交”建立在古老得多的盎格鲁－诺曼魂灵之上：1212年，苏格兰宫廷被形容为“种族和生活方式、语言和文化上都是法国的”——就像从布尔戈斯到耶路撒冷的众多宫廷一样。英格兰国王想继续索要法国领土（就像16世纪之前他们一直做的那样），他们不得不对苏格兰的侵袭多加思量。15世纪，苏格兰军人和法国人一起对抗英格兰人，并在1618—1648年蹂躏欧陆的那些战争中站在新教军队一边。

中世纪的苏格兰羊毛流向布鲁日（现代比利时），然后到勃艮第的部分地区，换来的钱用以支持詹姆斯二世的王后（海尔德的玛丽）以及维护两个大型的攻城武器，其中一个是位于现在爱丁堡城堡仍然指向城外的“蒙斯梅格”大炮。16、17世纪，苏格兰人跨越波罗的海和北海进行贸易，但与低地国家的费勒和鹿特丹的贸易最值得关注，在那里，他们用原材料交换专业制成品，包括代夫特蓝陶和荷兰画作。欧洲的大学为苏格兰文化的发展做出了贡献。罗伯特·西博尔德爵士（Sir Robert Sibbald）创建的爱丁堡植物园就是以莱顿的“药用花园”（1667）为模板的，荷兰的训练引导18世纪苏格兰的医学学校走向兴盛。

文艺复兴时期，苏格兰几乎不是主要角色，但苏格兰的国王们被认为是受过文化熏陶的。詹姆斯一世素有名声，他是位技艺高超的弓箭手、音乐家和诗人，最著名的要数他写的诗歌《国王书》（*The Kingis Quair*）。后来的君主因其自尊骄傲、谨慎外交、对文化和建筑的良好风格感、恰当的时尚感而在欧洲舞台上崭露头角。文艺复兴的文学很大程度上是进谏和政治文化，当詹姆斯三世创作诗歌，詹姆斯五世委托布坎南和大卫·林德赛爵士（Sir David Lindsay）创作，或詹姆斯六世撰写政府文章时，每位君主都在被文化熏陶，但每位君主也在运用他的宫廷文化实践其政治目的。出于相同的理由，斯图亚特王朝的所有君主都赞助了意大利、法国和英格兰的音乐家。

从中世纪起，欧陆建筑风格的模板丰富了苏格兰的建筑环境。英格兰的垂直建筑在中世纪晚期的苏格兰教堂中几乎是鲜为人知的，他们最强烈模仿的是法国“浮夸的”建筑风格。14 至 16 世纪，罗马风格的建筑特征在四个重要的宗教中心都能找到。这四个中心分别是阿伯丁、邓凯尔德、圣安德鲁斯和邓弗姆林。苏格兰罗马风格的坚定复兴预示着它接受了意大利文艺复兴时期的建筑图案。林利斯戈宫，1425 年始建于詹姆斯一世时期，在詹姆斯三世和詹姆斯四世时继续扩大，其模板是意大利像威尼斯宫一样的华丽宫殿，还有其他一些过于铺张的项目，包括斯特灵的布洛克宫和福克兰宫殿（两座宫殿都建于 16 世纪初）。荷兰影响下的鸦形山墙（vernacular architecture）成为 15 至 17 世纪苏格兰本土的建筑风格，以库罗斯到克雷尔一带法夫郡的渔村最为有名。

图 10 苏格兰人向来是移民民族，这里描述的是三十年战争期间（1618—1648）在德意志北部为瑞典人打仗的士兵（但德国的说明文字错误地将其标成了爱尔兰人）。这幅图描述了“花格子”披肩即被绑住的那块布的穿着方式

移民

“到处都是老鼠、虱子和苏格兰人。”大约从中世纪起，这句法国谚语就流行开来。在工业化和铁路普及之前，人们在其教区教堂的见证下出生、生活、死亡（实际上法国人就是这样的），和这种通常的成见相反，苏格兰人从很早的时候移民程度

就很高了。18 世纪一个教区的一半人口，在一代人之内都会迁往他处，然后被新来者取代，这要多亏土地租约的不稳定性，因为它有时会限制经济机会，而济贫制度让身体健全的失业者努力寻求帮助，迁徙的年轻人则成为家仆和农工（20 世纪以前，大多数十几岁年轻人的工作就是这些）。不断搬家或变换工作十分常见，因此，频繁的迁移也不是什么痛苦之事。

正如以上谚语所说，从 13 世纪起，苏格兰移民就是一个确定的事实，到了 17 世纪，斯堪的纳维亚、波罗的海（包括俄国）、低地国家、伊比利亚以及法国，都能看到苏格兰人的身影。其中，一些苏格兰人是商人，另一些人是军人和水手，少量的是学生。很多临时迁移和永久迁移都是个人行为。大多数移民都是年轻人，这也有助于解释为何几个世纪以来女人初婚的年龄很大。一些是全家移民，但有组织的移民在 17 世纪才开始出现。

第一个例子便是乌尔斯特种植园（1609 — 1641），该种植园是英格兰和苏格兰“承包商”实施的一项社会工程：获得土地的所有者要向人们承诺他们所获土地上的佃农应该忠于国王、信仰新教。17 世纪末，苏格兰移民大多数都是勤劳的、一心想逃离迫害的长老派教徒，他们的信仰不仅使他们与爱尔兰本土的天主教冲突，而且与爱尔兰的圣公会冲突——这是杯永远苦涩的鸡尾酒。17 世纪，更多的苏格兰人可能去了波罗的海，而他们在乌尔斯特所带来的长期政治遗产远远超出单纯数字的意义，因为新来者以独特的方式感受到了他们的宗教使命和社会使命。另一些人开始移民到北美（新泽西和南卡罗来纳），尤其是 17 世纪末以来的苏格兰移民，尽管英格兰迁移到美洲的人数远远大于苏格兰。

18 世纪，苏格兰移民加快了步伐。1700 至 1780 年间，有 6 万自愿的移民，但并非所有移民都有选择。17 世纪，白人奴隶贸易从阿伯丁小路上拐骗 9～10 岁的孩子，然后将他们卖到弗吉尼亚州；1870 至 1920 年间，有 10 万孩子——他们绝非都是孤儿，被船运到加拿大；迟至 20 世纪 60 年代，强制移民到澳大利亚仍是解决孤儿和赤贫孩子问题的一种方式。1776 至 1857 年间，澳大利亚也是运输罪犯的倾泻地之一。

比儿童贸易更为人所知的不义移民是19世纪的人口清理运动，尤其是前文讨论的高地悲剧故事。但高地的强制性清场只是这个故事的一部分。18世纪末19世纪初，高地移民往往是农民主导的，这是地主强烈阻止的一场运动——一场“人民的清场”。如果说有一类移民是来自被高地清场运动剥夺的一无所有的人，那么，低地移民（与城市和工业极不相称）的苦涩程度与高地（农村）一样严重。这里的人口外流不是来自像挪威或葡萄牙这样落后的农业社会，而是来自充满活力的现代经济，尽管如此，1800至1939年间，仍然流失了200万人口。大多数人去了北美（28%去了加拿大，44%去了美国），25%的人口去了地球的另一面[1]。1781至1987年间，大约有50万人移民去了澳大利亚。

维多利亚时代，苏格兰移民人口仅次于欧洲的爱尔兰，这些移民很可能是来自生机勃勃的工业化、城市化进程中的自愿流亡者，而这个社会的生活水平在不断提高——这也吸引了大量的爱尔兰

1 the Antipodes，指地球的对跖面，即澳大利亚和新西兰。

移民。移民有文化修养，有娴熟技术，还很积极进取，苏格兰向外输出的人口往往都是顶尖人才。苏格兰人在建设北美的过程中作用非常重要，其烟草商人和其他一些大商人活跃在东海岸的主要城市。1850 年之前，北美（以及其他地方）几乎所有的英国医生和众多牧师要么是苏格兰人，要么在苏格兰受过训练；苏格兰的教育家在普林斯顿和费城也相当活跃。移民工业家发展经济，有助于外国经济的现代化，尤其是日本的托马斯·格洛弗（1838 — 1911）和美国的安德鲁·卡内基（1835 — 1919）。20 世纪二三十年代和 60 年代，移民潮再次高涨。举国恐慌的年代，诗人埃德温·缪尔（1887 — 1959）把 20 世纪 30 年代视为“沉默的清场”。苏格兰的移民率目前仍然是联合王国里最高的，这源于一个明显成功的现代经济。

虽然乌尔斯特的苏格兰人为联合和拥有一个新教祖国而努力奋斗，但其他地方的苏格兰移民却没有那样做，他们宁愿通过“适应”来实现他们的目标。举个例子，苏格兰人和苏格兰裔爱尔兰人（甚或苏格兰 - 不列颠人）都变成了美国人，天主教爱尔兰人变成了爱尔兰美国人，他们保留了一种身份，并为爱尔兰的民族主义贡献一份力量。海外的苏格兰人构成了一个族群范畴，他们因为历史感和与外人比较的差异感松散地结合在一起。他们也构成了一个族群，以社会组织和偶尔的政治组织的形式表达共同的目标，然而，尽管目前生活在世界各地的数百万苏格兰人后裔仍心系他们祖先的家乡（这种感觉在以前的“白人”殖民地最为强烈），但他们并非一个有着明确的国家和疆域的指涉（就像爱尔兰一样）的种族共同体。苏格兰人适应外界，或许由于这个原因，这个世界也喜欢他们。

好吧，或许并不是全世界都喜欢他们。现在英格兰有近 120 万出生在苏格兰的居民，这些人和苏格兰游客有时会被随心所欲的种族主义者冠以“Jock”这样的“宠物”名，而且他们习惯性地提及哈吉斯、威士忌、苏格兰裙这些会挑起争端的话题——如果不是对抗其他少数族裔所谓的文化象征的话。通过他们身上可能存在的凯尔特祖先的特征——诸如好酒、好斗——来确认苏格兰人（或爱尔兰人）的身份，仅仅是 19 世纪种族主义陈规旧习的延伸而已。

这种显然不足挂齿的傲慢突显了某些英格兰人对待苏格兰人的两种心态：一方面把他们当作布立吞同胞接受，另一方面仍然把他们看作是不同的，甚至可能是一种恼人的东西。苏格兰人对英格兰人的心态可能也一样（可见下文）。英格兰人的矛盾心态解释了托尼·布莱尔这位在爱丁堡出生并在那里受教育的前首相（1997—2007年在任）为何拒绝直接回答自己是不是苏格兰人的问题，因为如果说自己是苏格兰人，在政治上可能会受损。现在的首相戈登·布朗[1]，明显更是位苏格兰人（在法夫的柯卡尔迪长大），可能有时也喜欢做同样的事。

帝国

18、19世纪的英帝国有很多苏格兰人，其中一些还帮助管理这个帝国。不过，苏格兰的首次帝国经历的结局尚可接受。有着聪明才智的罗马人把文

1 2008年本书出版时，英国首相是戈登·布朗。

明带到了北欧：城市、公路、文化、艺术以及公共澡堂。有一句嘲讽1066年以及全部英格兰史的口头禅（1930）便是：“罗马征服是……好事情，因为布立吞那时候只是土人。”然而，罗马不列颠和斯图亚特不列颠一样人口密集，在罗马人出于自己的目的把不列颠居民打上野蛮人标签的很久之前，不列颠就有了成熟的农业、工业、政府和交通措施。强劲的本土社会、经济和政治体系，解释了为什么罗马统治时期的众多文化措施——比如宗教——从未起到作用。拉丁语只在有学问的人中间经久不衰，尽管它丰富了所有的词汇。真切可感的遗产也有，比如建筑、公路、景观边界，以及非常模糊但仍很重要的整合到欧洲广泛的政治和经济网络中的经验。

殖民地人民经历了罗马人对他们（而不是为他们）所做的一切，忍受了长达350年的征用、剥削和军事占领。罗马人撕裂了之前已有的政治制度，创造了一个自上而下的帝国机器，为了罗马需要而牺牲当地人的发展。公元2世纪，阿多克堡（珀斯）容纳了2万名士兵；3世纪初，塞普蒂米乌斯·塞维鲁对抗美阿泰王国和东部低地的加利多尼亚人的战役，可能涉及 5 万人之多的军队交战——这个数字在此前或此后的不列颠土地上都是史无前例的。

第二段帝国经历是在挪威人手中，接着是雄心壮志的诺森布里亚人，然后是英格兰的君主。早在 10 世纪，英格兰的国王就喜欢声称统治“居住在不列颠岛范围内的所有其他民族”。诺曼人也有这样的愿望，其更好的实现方式是间接影响，而非爱德华一世及其继任者们强行施加的那些强硬措施。直到 16 世纪，“帝国”对英格兰人而言意味着统治不列颠（以及最好还有法兰西），尽管在独立战争后，英格兰的攻击更多是惩罚或先发制人地威胁苏格兰，而不是尝试真正地征服这个国家。

从詹姆斯三世开始，苏格兰君主也明确主张扩大和巩固帝国。其中一个含义便是要面对他们的殖民问题，他们运用策略、宣传、武力来同化、平息以及“开化”讲盖尔语的氏族社会；1609 年颁布的《爱奥纳法令》把这个社会污名化为“野蛮和不文明”。只有在 18 世纪，“不列颠帝国”在意识形态上被重新定义，它强调这不是一个地区对另一个地区的统治，而是有共享计划或共享的公共财富，然而，这种特征在一定程度上是通过坚持不懈的高地“文明化”计划实现的。

苏格兰人自己在巴拿马建造海外帝国的计划崩溃之后，急切地参与到不列颠的世界帝国中，并陶醉于它获得的利益。18 世纪中期，他们获得了格林纳达和牙买加的大片土地。18 世纪末印度九分之一的公务员和三分之一的军官是苏格兰人。鼓舞人心的赞歌《统治吧，不列颠尼亚》由盎格鲁 - 苏格兰人詹姆斯·汤姆逊创作于 1740 年。1914 年，不列颠帝国囊括了四分之一的人类，那一年，年轻的苏格兰人集结在一起反抗德国，捍卫帝国（27% 的成年男人参加了战斗，10 万人再也没有回来）；如果没有帝国，苏格兰 19 世纪工商业上的成功是不可想象的。

和不列颠的罗马人一样，帝国带给国外土著居民的影响有好有坏。积极的一面包括交流、行政和政府结构、正式的法典、教育以及（可以说）英语语言本身。更多消极的方面，包括饥荒、苛税、谎言、掠夺、土地劫掠、鸦片贸易，这些都不可能被忘记，尤其是在19世纪中期以后。所有类型的殖民主义为了适应殖民者的政治、军事和经济需求，改变了当地的政治、经济和社会关系，这些扭曲的结构今天仍然能感受得到。种族屠杀、酷刑、性羞辱都是英帝国统治的工具。对牙买加奴隶起义的惩罚是“用弯曲的棍子把他们的四肢钉在地上，然后用火慢慢从脚烧到手，渐渐烧到脑袋，用这样的方式，奴隶是最痛苦的”。苏格兰人不受现代政治正确概念的束缚，他们机智多变，运用各种手段获得商业利益，包括与奥克尼的男人和加拿大哈得孙湾的土著女人“联姻”。苏格兰特有的宗教和政治观念在缓和殖民主义的影响，以及最终鼓励退出帝国所发挥的部分作用，并不能掩盖殖民主义更黑暗的一面。

现代的评论者可能对帝国时代感到局促不安，即便那时不列颠仍然与美国致力于后帝国计划。现在几乎没人会称赞20世纪初约翰·布坎夸张的崇武精神、帝国主义的奇闻漫谈，现代读者会认为那些特征在政治上错得离谱。然而，即便深受后殖民罪恶的困扰，也很难不尊重离开苏格兰海岸线的那些人乐观、进取和不屈不挠的精神。很多人可能盼望回家，19 世纪末三分之一的移民的确回家了，但超过一半的帝国移民死于暴力冲突或死于疾病 —— 18 世纪的加勒比和印度在任何时候都特别不健康。

我们也不能忽视苏格兰人对自己在国内外的作用所产生的那份紧张的自豪感：帝国的学校教育表明苏格兰是联合王国的一部分，维多利亚时代的格拉斯哥鼓吹自己是“帝国的第二大城市”。像 1883 年创建于格拉斯哥的基督少年军这样的志愿团体，推动了基督教的价值观并歌颂帝国的成就。苏格兰海外军团的自豪感既扩大了君主和崇武精神的联系，也是身份认同的重要内容。

移民与文化多元性

几个世纪以来，苏格兰一直都是人口的净输出国，移民只能通过有限的内向移动来平衡，包括斯堪的纳维亚、东欧、荷兰、英格兰和法国的大量移民。19 世纪以前，所有的移民都是小规模的，爱尔兰人是第一批重要的移民：1871 年，苏格兰人口的十五分之一是爱尔兰裔；1901 年则有十分之一，他们主要出现在大格拉斯哥、爱丁堡和邓迪。一些移民是乌尔斯特的新教徒，但大多数人是爱尔兰天主教徒，他们没有融入当地，而是生活在某些特定（贫穷）的城市区域，几乎很少和当地苏格兰人通婚，他们的种族、宗教和对爱尔兰民族主义的拥护都令当地人反感。

自宗教改革以来，教派主义此起彼伏，其巅峰出现在 19 世纪 20 年代到 20 世纪 30 年代，现在正在消退，表面上似乎局限在格拉斯哥流浪者足球俱乐部（自 1899 年这支球队迁到艾布洛克斯起，其成员都是新教徒）和凯尔特足球俱乐部（历史上其成员都是天主教徒）的派系之争。在那个时代，基于恐惧和厌恶，双方都是强大凶险的势力。新教奥兰治兄弟会认为天主教是反新教、反英国的第五纵队，他们致力于歧视、消除天主教，将宗教的对抗情绪和种族主义混同起来，既反高地人，也反爱尔兰人。

17 世纪以来，生活在苏格兰的英格兰裔很少为人所知，但到1921年，他们取代爱尔兰人成为最大的移民群体，目前是整个人口的十二分之一（有整整五分之一住在苏格兰南部）。英格兰人在苏格兰的现代形象是反城市的“白人定居者”，他们声称抛弃了伦敦的六位数薪资、七位数房产，为的是在苏格兰高地的房子里过着宁静的生活。而现实是，无论过去还是现在，大多数人是来工作的，主要从事体力劳动，最近才是管理工作。

英格兰新来者的出身有时仍然会被拿来开玩笑，他们的待遇不像其他外国人，而像英格兰人。然而，他们通常会被接纳，并逐渐理解了成为苏格兰人所蕴含的意义：历史感（包括英格兰投射过来的政治和文化阴影）、社会平等感、公民信任感和公民同情感，独立而有思想的、开放的、热诚的人民。生活在苏格兰的英格兰侨胞可能比苏格兰人还苏格兰化，他们在国际体育赛事中声嘶力竭地为这个接纳他们的国家振臂高呼。当英格兰人没有参赛时，即便是他们也会在体育赛事中认可苏格兰（或爱尔兰），这与其说是共鸣，不如说更像家长式作风。大多数苏格兰人（或爱尔兰人）宁死也不愿双方互惠。而英格兰人无论在哪里，如果有合适的玩法的话，他们往往乐意打苏格兰牌，无论他们对苏格兰人的情感有多矛盾。

随着时间的推移，其他移民群体丰富了苏格兰社会，这其中包括19世纪90年代到20世纪头十年内，为躲避贫穷和迫害而移居苏格兰的意大利人和犹太人。从中世纪一直到第二次世界大战，这么长的时间形成了一个传统，即现在大多数优秀的移民都是东欧或“新”欧洲人，他们通常填补了苏格兰本地人生育率下降、变换工作选择所导致的各种体力劳动的空白。来自欧洲各地以及远到澳大利亚和新西兰的年轻人，也热衷于在苏格兰生活、工作。

通过外表而非口音来辨别少数群体在苏格兰是不常见的，而且过去也一直如此。黑人除了当仆人之外，还在英国舰船和军队中工作，直到19世纪中期，新的种族主义将他们排除在外。到20世纪，生活在苏格兰的非白人有数百人，即便新的英联邦移民人数也是很少的：1950年，苏格兰有600名亚洲人，1960年则有4000人。目前，苏格兰人口中非白人的比例不到2%，“文化多元主义”的问题比英格兰少得多，因为英格兰的非白人占人口总数的10%。

不宽容仍然存在，可能是因为少数群体人数太少，而且相对沉默。毫无理由的反犹主义、轻率的种族主义——比如把中餐说成“Chinky”[1]，这些都消失了，尽管有些人认为这些被恐伊斯兰情绪取代了。另一些少数群体，诸如游客之类，正在被接受。但在多样性中追求平等还有很多障碍需要克服。2000年时，和其妹安·格洛一起创建现在繁荣的Stagecoach这个交通公司的布兰恩·苏特，引领了一场充满活力也很受欢迎的（某种程度上也是成功的）反对废除禁止促进同性恋立法的运动（苏格兰在1980年才取消对同性恋的刑事定罪）。苏格兰人逐渐接受了少数群体可以追求另类的私人生活方式，但他们也保留了把某些选择视为于公众而言是道德错误的权利。

1 Chinky，英语俚语，指中国食物，带有民族侮辱性。——编者注

| 第七章 |

文化

07

语言

罗马征服时期，不列颠说着一门叫作“英语”（British）的凯尔特语。从这里开始，衍生出现代威尔士语、康沃尔语和布列塔尼语。罗马时期，英语深受拉丁语的影响，但基本上保留为一门单独的语言，至少到公元 9 世纪，不同的子系语言可能很大程度上明白易懂，至少在 12 世纪之前是如此。讲这些语言的人，通常被他们自己和他们的邻居称为布立吞人。“英语”就是这样被理解的，直到 1707 年联合，该词被挪用来指代一些完全不同的事物，导致其使用率的下降。“布列塔尼”只是 19 世纪发明的一个英语词语，用来取代那时令人混淆的“英语”。

皮克特语开始可能是英语的一种方言，但避开了拉丁语的影响，保留了凯尔特语的重要影响。地名和人名说明整个苏格兰在盎格鲁 - 撒克逊时代之前都讲英语，除了琴泰岬以北的西海岸一带，那里讲盖尔语。单词“aber”（比如“Aberdeen”一词中的“aber”）在英语中的意思指河口，对应凯尔特语中的“inver”（比如“Inverness”中的“inver”）。西部讲盖尔语的苏格兰人可能比东部讲英语的皮克特人更容易听懂，早期苏格兰可能在语言、政治和种族上都是一个大熔炉。更与众不同的是，公元 9 至 14 世纪，北部和西部群岛主要讲挪威语，而且地名有着深厚的渊源，但“北欧语”（Norn）几乎从 17 世纪的奥克尼群岛消失了，到 19 世纪时，设得兰岛也不讲了。

盎格鲁 - 诺曼人的贵族身份在国内和法语一样尊贵，但普通的苏格兰人和英格兰人一样不讲法语，即便苏格兰语和英语的词汇都因此而变得丰富。从公元 7 世纪起，英语的普遍化开始通过盎格鲁人（英格兰的新来者）渗透到苏格兰南部，但更重要的影响来自大卫一世统治以来定居在各个市镇的讲英语的人。

这样，盖尔语从来就不是唯一的苏格兰语，尽管在 12 世纪时它是苏格兰的主要语言。自此以后盖尔语便一直衰落：15 世纪时，这门第一重要的语言可能只有一半苏格兰人讲，到 1689 年，只剩下三分之一，1806 年只有五分之一，到 20 世纪只剩下十二分之一。1961 年，苏格兰人有 81 000 个讲盖尔语的人，到 2001 年时还剩 59 000 人。赤裸裸的敌意解释了为何有些人会退缩，尤其在 17、18 世纪时，盖尔语和尚武的氏族社会结合在一起成为英国政治体制的一大威胁。在 19 世纪，当各种形式的禁令都已废止，这时还出现了第一部完整的盖尔语《圣经》（1801）和公开出版的盖尔语诗歌集，然而此时的盖尔语却经历了最急剧的衰落。

问题是，讲盖尔语可以获得丰富的文化遗产，而不讲英语则是一种经济负担。1872 年的教育法禁止学校用盖尔语上课，不过高地人已经尝到了英语的甜头，他们季节性地流动到低地从事收割工作，在英国军队中为帝国服务。1904 年，在学校里把盖尔语当作一种独立学科来学习，而不是像把英语当作一种手段来学习，这一点已经成为一种可能，但这对于逆转几个世纪的禁令造成的后果几乎收效甚微。

在现代苏格兰，1% 的人口讲盖尔语，其中大多数不是生活在高地和群岛，而是生活在格拉斯哥，因为自 20 世纪 60 年代以来，格拉斯哥就成了真正的盖尔区。纵观整个欧洲，由于对文化多样性的新偏好，“越来越少被运用的”语言已停止其衰落。人们常常指责伦敦总部的 BBC（英国广播公司）摆出一副比苏格兰人高一等的傲慢派头。这一点是事实，但同时也很具有讽刺意味的是，苏格兰人士约翰·瑞斯（John Reith，1889 — 1971），这位 BBC 第一任总干事（1927）把教育和启迪大众创造一个道德上具有凝聚力的英国社会当作 BBC 的愿景，这一愿景现在仍然主导“社会服务广播”。然而，相比过去，现在的 BBC 对地区多样性的包容性更大。通过像洛恩·麦金太尔（Lorn MacIntyre）这样的记者和播音员的激情四射的鼓吹，苏格兰 BBC 帮助盖尔语重获新生。伦里格（Runrig）、卡百利（Capercaillie）这些盖尔语摇滚乐队的成功对谁都没坏处。2005 年，《盖尔语法案》给予盖尔语“平等的尊重”。

作为一门英语方言（像挪威语一样的一门日耳曼语）和一门一直被盎格鲁化的语言，苏格兰语（有时被当成苏格兰东北话或“大苏格兰区的语言”[1]）从来不是历史认同的重要部分，尽管16世纪时它就是政府和法律的语言。宗教改革时期，新教领袖们把英语版本的《日内瓦圣经》《圣咏经》《祷告书》当作“公共秩序书”。第一部权威的苏格兰口语化的《新约》一直到两个世纪之后，在盖尔语《新约》（宗教改革之后四个世纪）形成后才完成，而其出版则要到1983年。

在“启蒙人士”吸取教训消灭苏格兰语的特性之际，苏格兰最伟大的代表人物是罗伯特·彭斯，尽管他也用英语写作。长期以来，苏格兰语被当作古老过时甚至令人尴尬的语言而不被予以考虑，并

1 doric 是苏格兰中北和东北地区的流行称呼，常用来指苏格兰东北部的苏格兰语，这种方言有大量文学作品、诗歌、民谣和歌曲。参见 https://en.wikipedia.org/wiki/Doric_dialect_（Scotland）。乌尔斯特地区的语言，有时也被统称在苏格兰语系中。

被后维多利亚时代的普及教育逐渐侵蚀，到了20世纪末才复兴起来，现在还形成了一个充满生机的印刷文化。但是，苏格兰口语最繁荣的地区是现代的北爱尔兰，在那里，这门语言被当作对抗联合主义的文化力量被大力推销，成为熟练游说支持爱尔兰民族主义中的盖尔语。

更明显的现代语言特征是苏格兰部分地区英语的发音方式。法夫的东北或东部渔业区的口音能把游客绕晕，在爱丁堡新城刮风的峡谷地区上学的一些人，口音同样难懂。BBC电视台的《拉布·C.尼斯比特》[1]（*Rab C. Nesbitt*，格雷戈·费什尔出演）呈现了一种弱化的大格拉斯哥口音味道（这里的口音是工人阶级的，或者可以说是失业者的，该片以加文为例），比起很多绷着一本正经面孔的纪录片，该节目对现代苏格兰社会各个阶层多重剥削的洞察更深刻，也更令人痛苦。

1　1988年开始播放的苏格兰系列喜剧，由苏格兰BBC制作，格雷戈·费什尔（Gregor Fisher）饰演一名酗酒的格拉斯哥人，他把寻求失业当作此生的生活方式。参见https://en.wikipedia.org/wiki/Rab_C._Nesbitt。下文中的加文（Govan）是现在格拉斯哥科学中心的所在地。

节日

苏格兰全国性的节日很少，很多公众节日直到最近才本土化。苏格兰教会一直不庆祝圣诞节和复活节。1958年，圣诞节成为公共节日，节礼日到1974年才成为公共节日，复活节在苏格兰仍然不如在英格兰重要。然而，被禁止的耶鲁庆典[1]在民间特别流行，并逐渐转化为霍格莫内节（12月31日）。在英格兰，现代的圣诞节是维多利亚时代的重新发明，以圣诞树、圣诞卡片和圣诞饼干为新标志。对呼吁烧死教皇的苏格兰人来说（尽管詹姆斯六世/一世警告人们应该抨击不忠诚，而不是天主教），对盖伊·福克斯试图炸毁伦敦议会尝试的庆典直到20世纪二三十年代才在苏格兰普及开来，那时，失业和对爱尔兰移民莫须有的惊恐，促使格拉斯哥和

1　Yule，古代日耳曼民族庆祝的宗教节日。学者们认为耶鲁节庆祝与野生动物狩猎、奥丁神、异教盎格鲁－撒克逊的夜间母神节有关。耶鲁节起源于异教，后来经过基督教化，成为现在的圣诞庆典季。参见https://en.wikipedia.org/wiki/Yule。

爱丁堡重新燃起了教派之间的冲突和骚乱。更敏锐的观察者可能还会注意到，火药桶阴谋的一个目标是除掉詹姆斯六世／一世的新伦敦法院中的苏格兰奉迎者。

圣安德鲁节（11 月 30 日）得到官方的认可，但更有名的庆典是非官方的彭斯节（1 月 25 日）。这两个节日都不是公共节日。彭斯晚宴是少数几个被发明的传统，其根源是彭斯的同时代人庆祝其生日的活动。但彭斯晚宴最初的表现形式已商业化，很多类似的传统都和商业化有关。即使在彭斯去世之前，他在艾尔郡的阿洛韦小屋就已经卖给了艾尔郡的一个鞋匠合伙公司，其中一人把它改成了一个酒馆。正是在这里，1801 年 1 月 29 日（这些人搞错了彭斯的生日），阿盖尔的卫兵（民兵）聚在一起聆听他们的风笛演奏，彭斯小屋有了新的作用。第一次有据可查的彭斯晚宴发生在同年的阿洛韦，时间是他逝世的周年纪念日（7 月 21 日）。这场宴会包括一场演讲和各种祝酒词，吃的食物有哈吉斯（是被呈上的）和羊头；考虑到那些参与者的社会地位，饮料可能是红酒和麦芽酒，而非威士忌。庆祝者中间有一位女士，此后直到20世纪的彭斯晚宴，绝大多数都是清一色的男人活动（有时还会激进好斗）。传统上，“为女士干杯”的祝词是感谢烹饪的女士、赞美彭斯生命中的女性，只是到了后来才退化为一种性别歧视（往往是厌恶女性）的粗话。1809年之前，每年有两次庆典，此后参与者固定在1月25日，因为这个时候是一年中农业的淡季。

很多其他重要的节日是地方的或地区性的，这反映出苏格兰过去很多地方的生活以小规模的、分权的社区为基础。主要城市仍然有它们自己的节日，著名的“贸易节”，是在手工业和贸易繁荣的基础上建立的各种组织的节日。其他的比如像拉马集市，是8月1日庆祝凯尔特秋收的节日。这个节日在法夫的城镇中被保留下来，但因为商业化的游乐场和市场剪除了雇佣（11月11日的马尔丁节也是重要的雇佣日）、缔结婚约（订婚）和社会交往的传统意义。边境地区的城市在6月有“马赛”（巡游），就像历史上的边区巡行一样，但实际上是生动复杂的露天表演，是对现代公民价值强有力的仪式性表达。社会学家詹姆斯·利特洛恩的经典学术研究——《西利格》（*Westrigg*，1963）是关于20世纪50年代边区农业社区生活的考察，该书跟踪报道了现代化压力之下乡村世界的社区关系和人际关系不断变化的结构。

大多数大型的历史仪式都有某种政治目的，比如1707年前的“骑行”（揭开议会的序幕），路线从荷里路德宫到圣基尔斯西边的议会大厦（1999年重新修建）。19世纪，很多城市的仪式和庆典都成了精心设计公民身份认同的一部分，身份认同是公民社会的本质。

在设得兰岛的圣火节那天（1月的最后一个星期二），人们穿上维京人的服装，还有一条燃烧着的长船，这个节日看起来像是挪威异教徒在黑暗时代的遗迹，但实际上17世纪才开始，到19世纪末才被承认。此后，为了应对经济和社会变化的共同压力，尤其是20世纪70年代石油勘探和开采成为主要企业雇主以来，这一节日一直在被重新塑造、重新发明。包括音乐、舞蹈和力量角斗的高地游戏或集会也是19世纪重新创造的产物。最著名的是现在布雷马（阿伯丁郡）举行的集会，这一集会始于

1815 年，被当作一个互助协会，1866 年时得到了皇家认可。然而，这些游戏只是对前现代高地人真正举办的盛宴和角斗运动的苍白模仿；在前现代，勇武之气和夸耀性消费是权力和地位的重要象征。

1947 年 8 月，爱丁堡国际艺术节首次举办，该节日的目的是重振苏格兰，使其重新融入欧洲。几十年来，这一节日只是小型的活动，推动以精英的古典音乐为中心的旅游，并深受文化“贵族”的喜爱，但从未被保守的市民大众真正接受。自从 20 世纪 80 年代爱丁堡摆脱其单调落伍的地方形象后，它才被人们接受并繁荣起来。目前的核心活动由露天军事表演或夜间野外军事演习构成，其受欢迎程度似乎不受政治正确性的影响，这是一场官方的节日，由戏剧、音乐、舞蹈以及电影和图书构成。艺术家或艺术团体不得不申请资格认证，而那些花样百出的表演者（尤其是近年来的喜剧演员），他们不想尝试或错过了申请，可以在“边缘角落”表演。这座城市“吞吐”着无数游客，空气中充斥着嗡嗡的表演声。

这个节日，与爱丁堡的各大博物馆和艺术画廊一起，让爱丁堡获得了一个（高水平）文化的美称，但格拉斯哥（从 18 世纪起就有一个艺术学院）是一个更有活力的设计中心，尤其是其建筑、家具和纺织品设计。它也有一个更好的现代音乐气象，至少可以说是“有文化”的。

艺术与建筑

中世纪的僧侣制作了一些有精美装饰图案的手稿，但其中大多数被描述为 18 世纪前“画家”的画作，这些画家的工作是雕刻纹章或装饰高贵的天花板、教堂或一些棺椁。那些买得起挂画的人大多是从尼德兰购买，而当查理二世于 17 世纪 60 年代希望在荷里路德宫挂上一排苏格兰国王的画像时，他找的是雅各布·德·威特（Jacob de Witt）。此后，优秀的本土画家成长起来，其中，艾伦·拉姆齐（Allan Ramsay，1713 — 1784）和亨利·雷布恩爵士（Sir Henry Raeburn，1756 — 1823）最为著名。大卫·艾伦（David Allan，1744 — 1796）和大卫·威尔基爵士（Sir David Wilkie，1785 — 1841）之后的苏格兰画家集中描述的历史、景观、动物和高地情感，绝大部分都很有价值，但它们被浪漫化了，有些沉闷，缺乏创新。

只有到了 19 世纪末，“格拉斯哥男孩”这些画家才重新让苏格兰绘画恢复了活力。“格拉斯哥男孩”这个术语被艺术权威用来贬低詹姆斯·格思里爵士（Sir James Guthrie，1859 — 1930）和 E. A. 霍内尔（E. A. Hornel，1864 — 1933）等人。“格拉斯哥男孩”启发了弗朗西斯·卡德尔（Francis Cadell，1883 — 1937）和萨缪尔·佩普卢（Samuel Peploe，1871 — 1935）这样的色彩主义者，继而将绘画艺术带入了 20 世纪二三十年代的印象主义。这一时期，苏格兰发生了一次文艺复兴，最著名的要数尼尔·古恩（Neil Gunn）和刘易斯·格拉西克·吉本（Lewis Grassic Gibbon）创作的关于历史社区衰败的诗歌和小说；苏格兰国民信托创建于 1931 年。然而，过去创造的作品现在更受欢迎。爱德华多·包洛奇爵士（Sir Eduardo Paolozzi，1924 — 2005），一位更现代的艺术家，其在生前便享有盛誉，后来这位出生在利斯的超现实主义者成为波普艺术家，其最为人所知的作品是那些肌肉发达、充满力量的雕塑。

过去1000年，苏格兰的土地上矗立着欧洲所有主要风格的建筑。很多风格被创造性地采纳，其他一些风格则是完全不同的、全新的。因为财富集中在城市和乡村地主的手中，所以城市建筑、城堡以

图11　《国富论》，作者爱德华多·包洛奇爵士[1]。位于爱丁堡的南盖尔商业园。这尊雕塑借用了亚当·斯密1776年著名经济学著作的标题，但歌颂的是人民及其想象力

1　Sir Eduardo Paolozzi（1924—2005），苏格兰雕塑家和艺术家，生于爱丁堡北部的利斯。他被认为是波普艺术的奠基人之一。参见 https://en.wikipedia.org/wiki/Eduardo_Paolozzi。

及乡村豪宅能够体现最悠久的历史特征。除了极为稀少的特例，比如奥克尼岛上新石器时代的村落斯卡拉布雷这种保存完好的奇迹，中世纪之前的建筑除了防御性结构，几乎很少留存下来，尽管考古学家正开始填补这些空白。

斯卡拉布雷和数以百计的小棚屋曾聚集在特拉普莱因·劳（Traprain Law，东洛锡安）[1]的英国要塞周围，这表明在现代之前群居生活并不普遍。但私密性既不能期待，也不能轻易实现。公元前3000年到公元1700年，人们出于防御目的而在湖中建造“湖心岛”或人工岛，一些住所建造在柱子之上。特征鲜明的苏格兰防御性圆形石塔，即所谓的“布洛核”（Brochs）[2]不计其数，它们绝大多数建造于铁器时代，沿着北部和西部海岸线散开，这一点证实了海洋的重要性，财富集中、夸耀、保护的程度，以及掠夺者持久的威胁。

从公元6世纪（可能还要早）起，很多视觉艺术都是宗教性质的，教会是其中最古老的建筑，尽

1 苏格兰洛锡安东部哈丁顿以东的一座小山。

2 发现于苏格兰北部及其附近岛屿。

管早期教会和高贵的座椅往往都是木制的，近代回归砖石建筑则迟至 1100 年。建筑材料一般是可重复利用的，除了一些偏远的遗迹，15 世纪之前的建筑几乎没有留下来。从 15 世纪开始，教会既荣耀城市，也荣耀乡村。像文艺复兴时期罗斯林小礼堂（1450）那样装饰宝石的建筑，在宗教改革之后让位于朴素的厢房，比如爱丁堡的特隆教堂（1647）以及坎农门教堂（1691），后者由詹姆斯·史密斯建造，他还修建了该城附近的“纽黑尔斯”乡村宅邸（1686）。第三种主要的宗教风格体现在 19 世纪壮观宏伟的哥特式复兴大厦，比如巴克莱教堂（爱丁堡，1864）（但这种风格中最著名的建筑是爱丁堡的司各特纪念碑）以及亚历山大·汤姆逊（Alexander “Greek” Thomson，1817 — 1875）令人惊叹的“希腊风”设计，尤其是格拉斯哥加利多尼亚路、圣文森特街上的那座教堂。

最后一座重新建造的真正的私人城堡是 16 世纪 30 年代的克雷格尼西安（拉纳克郡），但大口径火炮武器的出现导致这些防御工事成为过时之物。无论如何，社会慢慢变得更和平了，地主们更偏爱塔楼，一些塔楼的窗户朝向地面（埃尔乔城堡，珀斯郡），后来他们更偏爱各种宏伟壮丽的帕拉第奥式豪宅。时尚轮流转，维多利亚时代“复兴了男爵和哥特式建筑”，巴尔莫勒尔宫之类的建筑和家庭住宅蜂拥而起：杂乱无章、奇形怪状的假城堡建了一堆，比如，在斯考尔路上目前圣安德鲁斯大学很多院系的建筑；这些房子最开始是为黄麻厂的富豪们修建的，他们的工厂在远处的邓迪，那里的环境不太好。

帕拉第奥式建筑风格（Palladianism）是16世纪意大利的古典复兴风格，在17世纪80年代影响苏格兰之前已在17世纪的英格兰遍地开花了。这种风格通常被称为“乔治风格”，因为它兴盛之际正是四位以乔治为名的英国国王统治时期（1714—1830）。这种风格以威廉·布鲁斯爵士（Sir William Bruce，1630—1710）等人的成就为基础，其最优秀的代表作是威廉·亚当（William Adam，1689—1748）的建筑，他设计的佳作包括达夫府邸（班夫郡）和邓园（安格斯），他的儿子罗伯特（Robert Adam，1728—1792）设计了爱丁堡的夏洛特广场、总注册大厦以及苏格兰国家档案馆。土地阶层、职业阶层以及商业阶层也希望他们的城市景观中有常规的帕拉第奥式建筑，例如爱丁堡新城，还有珀斯，但很多老城的普及程度不太高。15 至 17 世纪，本土乡村建筑的特征虽不太宏伟，但更温暖舒适，窗户小、房间小，以粗糙的石头建造而成（比如法夫的卡洛斯）。

尽管乔治时代的建筑非常突出，但维多利亚时代的建筑风格占了现代以前的大部分建筑。格拉斯哥的维多利亚公共建筑是整个苏格兰最壮观的，尤其是乔治广场宏伟的市政厅（1888）和凯尔文葛罗夫博物馆（1901），这些建筑是对城市繁荣的赞歌，是对资产阶级政治主张和文化主张的宣扬。像爱丁堡的詹尼斯商场（19 世纪 30 年代启用，1895 年大火之后重建）这样的百货大楼，满足了有钱女士各式各样的购物欲望。

即使人们死了，他们还在考虑怎么表现他们的成功。格拉斯哥维多利亚时代的大墓地 —— 一片高档的、跨教派的墓地，和很多苏格兰的墓园一样不是圣地。这片大墓地建造在一个山丘之上，穿过一条马路便是大教堂，墓地排成几排，俯瞰下面的城市，而不是以更传统的墓尾朝东的基督教方式呈现。维多利亚时代引进了火葬，火葬现在是对待死者最常见的方式。

查尔斯·雷尼·麦金托什（Charles Rennie Mackintosh，1868 — 1928）的辨识度高的设计让维多利亚时代变得明亮起来。他的建筑作品很少，但优秀的案例包括格拉斯哥艺术学院（1899）和海伦堡的希尔屋（邓巴顿郡，1902）。麦金托什是新艺术风格的典范，这一风格将室内和室外设计融为一体，注重形式和功能，虽然视觉上令人惊艳，但他的家具做得不好，而且使用起来非常不舒服。一位更商业化、更成功的工艺设计建筑师是罗伯特·洛瑞墨（Sir Robert Lorimer，1864 — 1929），他拥有法夫的凯利城堡，并设计了毗邻爱丁堡圣吉尔斯大教堂的蓟花小教堂，以及贯穿低地的优雅住宅。

20 世纪 30 年代低利率、低劳动成本的时候，郊区涌现了大量无名建筑师设计的独栋房屋，但鲜明的装饰风艺术容易漏掉，因而往往被忽略了。电影院、溜冰馆、路边旅馆和公共建筑，诸如邱恩赛德学校（贝里克郡）、圣安德鲁大厦（爱丁堡）等建筑，是这类风格的典范。人们也不能漏掉 20 世纪 50 到 70 年代之间矗立的丑陋建筑物。威廉堡被吹嘘为“通往高地的大门”，但其主街简直就是“规划”错误的恐怖证据。爱丁堡大学兴高采烈地拆毁了乔治广场东南边的建筑，那可是南边或“第一新城”的一颗宝石（18 世纪四五十年代的南“新城”，北“新城”比较著名的夏洛特广场和圣安德鲁广场是 18 世纪 60 年代以后建造的），然后修建了新野兽派的图书馆和教学楼。

苏格兰战后的“新城”—— 坎伯诺尔德、东基尔布莱德、格林洛斯、利维斯通，比市中心的贫民窟好点，可以被视为那个时候开明规划的缩影，但很大程度上也缺乏个性或公共设施。格拉斯哥东边建造了一批毫无生气、高高耸立的公寓（也有最好的初衷），为格巴尔斯[1]这些地区的市中心居民提供住宿，但这里的公寓仍然缺乏室内卫生间。城市现

1　Gorbals，是格拉斯哥市的一个区域，位于克莱德河南岸。19 世纪末时，农民被格拉斯哥的新工业机会和就业机会吸引，蜂拥而至，结果这个区人口密度变得特别大。到 20 世纪 30 年代，这里的人口估计有 9 万。参见 https://en.wikipedia.org/wiki/Gorbals。

在只是在不断清除这一时期丑陋无比的建筑疖疮，虽然这些建筑很少达到近来格拉斯哥河边开发的一些建筑的质量，但至少与它们的历史建筑风格一致了。在众多有趣的现代建筑中，邓迪当代艺术中心（1999）、爱丁堡的苏格兰博物馆（1999）以及毗邻的有着辉煌主厅的皇家博物馆（1888）都很有特色。最有争议的现代设计是加泰罗尼亚的建筑师恩里克·米拉列斯（Enric Miralles），他设计了位于爱丁堡的苏格兰议会大楼，该楼完工于2004年，远远滞后于预定完工时间，而且被寄予了过高的期望。

文学、诗歌和电影

第一家苏格兰出版社可追溯至1507年，早期的印刷主要是为教会服务，但1700年左右，世俗著作开始超过宗教著作，涉及的主题从官方公文到更广泛的文化主题。18世纪见证了历史、游记、哲学和科学出版的繁荣，从18世纪中期开始，小说这一新的虚构但有本土风格的作品兴盛起来。苏格兰最著名的小说家是沃尔特·司各特爵士。司各特的小说产生于浪漫主义和感伤主义的时代，但这些小说牢牢根植于苏格兰法律和社会。《中洛锡安的心脏》（*The Heart of Midlothian*，1818）是一部关于私生子和杀婴、社会和法律的杰出的现实主义历史小说，现在仍然流行；《盖伊·曼纳林》（*Guy Mannering*，1815）的很多内容是关于济贫和破产的，后一半内容相当于司各特的自述。不太出名的约翰·高尔特（John Galt，1779 — 1839）也敏锐地捕捉到了社会变迁、宗教传统、法律结构和政治愿望的现实。比司各特更负盛名的是罗伯特·彭斯。彭斯以其诗歌闻名天下，他也是歌曲的搜集者和传播者。他那散发着泥土气息的韵文简洁优雅、平易近人、富有洞察力和深刻的人性，有时还涉及多种多样的主题，包括民主、饮酒、纵情女色、教会和阶级。他似乎是司各特的榜样，而司各特形容他的文字有“一种高贵的平实简朴之风”。他对浪漫主义兴起及其以后英国文学作家的影响是巨大的。他就是苏格兰文化的象征。

图 12 《沃尔特·司各特爵士》，作者亨利·雷布恩爵士。苏格兰最优秀的画家所画的苏格兰一流作家

很多作家最初出版小说是分期连载的，18、19世纪的很多文学作品不是分量厚重、经得起读的大部头作品，而是能一口气读完的 16～64 页的小册子。有一些书包含严肃的宗教、道德或政治观点，但更多“小书”是娱乐性的，常常对生活、爱情和死亡幽默一下。实际上，纵观历史，幽默是苏格兰文化的重要内容。1850 至 1920 年，包括牧师和学者在内的文人墨客编纂了很多笑话书，以娱乐、同时也称颂他们认为的成就其民族性的那些力量：自

嘲、体面、直截了当。20 世纪 20 年代末，邓迪的瓦伦蒂斯文化公司成功地把“苏格兰的东北笑话”以标准英语形式推广到整个帝国。苏格兰最著名的当代喜剧演员是出生在格拉斯哥的比利 · 康诺利（Billy Connolly，1942 — ），现在他欣然流亡到了美国。公正地说，最著名的苏格兰电影演员是肖恩 · 康纳利（Sean Connery，1930 — ），他饰演了伊恩 · 弗莱林的“詹姆斯 · 邦德”。

继第一代启蒙运动的杂志，如主题丰富全面的《苏格兰杂志》（1739 — 1803）之后，是更聚焦于批评、道德和社会的季刊，比如《爱丁堡评论》（1802 — 1929）和《布莱德武德杂志》。历史悠久的常规性报纸开始于 18 世纪初期：《爱丁堡晚报》[1]（1718 年至今）、《加利多尼亚水星报》（1720 年至今）、《格拉斯哥日报》（1741 年至今）、《阿伯丁日报》（1748 年至今）。随着报纸数量的增长，所有的报纸最终缩小或改变成其他标题，现在畅销的大版报纸是《苏格兰人报》（爱丁堡，

1 *Edinburgh Evening Courant*

1860年至今）、《(格拉斯哥）先驱报》（格拉斯哥，1805年至今）、《新闻和杂志》（阿伯丁，1922/1939年至今），所有这些报纸都有不同的地区侧重、政治立场和编辑风格。成功的苏格兰小报包括鼓吹自己是“真正苏格兰人”阅读的《每日纪事》和《每日快报》。

电子革命与其说削弱，不如说增加了人们对传统媒介的兴趣。人们对纸质出版物的需求仍然旺盛。苏格兰的版权图书馆，即爱丁堡的苏格兰国家图书馆，创建于1925年，其基础是律师图书馆（1682），这两座图书馆就像曾经分开的堂兄弟一样。进入这座图书馆、国家档案馆以及大多数公共博物馆都是免费的，但使用者如果为了研究祖先而进入国家档案馆查阅祖辈的出生、死亡、婚姻状况的历史记录则需要收费。

自司各特以来，苏格兰人对侦探小说做出了重要的贡献，尤其是夏洛克·福尔摩斯的作者阿瑟·柯南·道尔爵士（Sir Arthur Conan Doyle，1859—1930）。享有国际声誉的当代流行小说家包括伊恩·兰金（Ian Rankin，1960— ），他创作的侦探督察约翰·雷布斯住在爱丁堡丑陋的阴暗处；还有威廉·麦克尔温尼笔下的格拉斯哥人杰克·莱德劳（20世纪六七十年代，格拉斯哥比爱丁堡粗犷得多）；伊恩·班克斯（Iain Banks，1954— ），他的黑色想象探索了现代苏格兰社会和精神的不同方面（在伊恩·班克斯笔下，精彩壮观的科幻小说更加黑暗）；阿拉斯代尔·格雷（Alasdair Gray，1934— ）以《拉纳克》（*Lanark*，1981）闻名天下，他的作品更具原创性（而且奇异乖张）。欧文·威尔什1993年的《猜火车》（*Trainspotting*）讲述的是贫困交加的爱丁堡北部毒品文化的故事，1996年该故事被拍成一部成功的电影。

这些作家反映出现代人对沙砾般的现实主义的兴趣，这一点甚至也可以在19世纪初的司各特、高尔特、霍格那里找到。比如，霍格的《罪人忏悔录》（*The Private Memoirs and Confessions of a Justified Sinner*，1824）公然反对教权。乔治·道格拉斯·布朗的《带绿色百叶窗的房子》（*The House with Green Shutters*，1901）以高超的虚构再现了一个历史上著名的小乡村中小人物罪恶的生活。布朗打破了维多利亚时代苏格兰家长里短、多愁善感的“田园”（菜园）文学模式。“田园”文学模式以J. M. 巴里（J. M. Barrie，1860—1937）为标杆，以伊恩·麦克拉伦（Ian Maclaren，1850—1907）的《在美丽的野蔷薇花丛旁》（*Beside the Bonnie Brier Bush*，1894）为代表，它们的读者主要是英格兰人和美国人。19、20世纪，优秀的苏格兰文学都有强烈的空间感，苏格兰伟大的艺术家、作家和诗人（尤其是奥克尼岛的埃德温·缪尔），都从景观中汲取了灵感。在威尔·麦克林看来，景观是大海，但对更多人而言，就像对绝大多数苏格兰人来说，景观是城市造物。自彭斯以来的著名苏格兰诗人包括诺曼·麦凯格（Norman MacCaig，1910—1996）、乔治·麦凯·布朗（George Mackay Brown，1921—1996）和休·麦克第米德（Hugh MacDiarmid，1892—1978）。

歌颂苏格兰身份的历史写作大约从15世纪中期开始，那时，沃尔特·鲍尔编纂的多卷本《苏格兰传奇》赞美苏格兰王国的光荣事迹。这种写作逐渐发展成为一种强大的辉格党和新教的历史编纂传统，18 世纪末和 19 世纪繁荣的历史俱乐部是最好的例证。20 世纪末，苏格兰文化复兴的一个方面便是历史出版，最惹眼的是约翰·唐纳德的爱丁堡文化公司，它由约翰·塔克维尔于 1972 年创办。另一些目前成功的历史文化出版商包括博林（Birlinn）、坎农门（Canongate）、阿伯丁大学出版社和爱丁堡大学出版社，这些出版社的出版物丰富了苏格兰的当代文化。《历史中的苏格兰》是以《历史上的今天》（1951 年至今）为模板的流行月刊。

苏格兰在不列颠的独特之处是，它从 1681 年开始就设立了一个国家历史学家或“皇家历史学家”的职位。英格兰人在亨利八世的时候就提出了这一想法，但 20 世纪初的时候，他们在一场乌烟瘴气的争吵中失去了他们的历史学家，而那时，格拉斯哥和爱丁堡都设置了苏格兰史的讲席，这标志着一种新的历史意识；爱尔兰一直都没有历史学讲席。恶意诋毁者认为现任历史学主席是一位英格兰人（克里斯托弗·斯莫特），但他在 1993 年之前和之后一直都在兢兢业业地致力于苏格兰史学。

恰当的史学出版物包括学术研究和对证据和历

史背景忠实公正的关注。相反，绝大多数关于苏格兰的电影，无论过去还是现在，都表现出一种愉快的对事实的漠视，还伴随着令人腻烦的感伤主义。大卫·尼文让我们对《漂亮查理》（*Bonnie Prince Charlie*，1948）感到厌恶，伊灵工作室制作的《荒岛酒池》（*Whisky Galore*，1949）中净化过的大老粗形象同样令人讨厌，《蓬岛仙舞》（*Brigadoon*，1954）简直胡说八道得不可思议。斯科特·比尔·福塞斯则拍了一些令人喜欢的当代童话，《格雷戈里的女友》（*Gregory's Girl*，1981）和《地方英雄》（*Local Hero*，1983）同样也是罗曼蒂克的模板。即便《猜火车》也将这个滥用毒品的绝望、孤独，偶尔还很罪恶的世界变成了一场轻松的狂欢。

据说特别迷信的专业演员都说“那场苏格兰的戏剧”而不说“麦克白”，同样，专业的历史学家也尽量不提“梅尔·吉布森的电影”。《勇敢的心》（1995）这部“穿苏格兰裙的好莱坞电影”（但是电影大多数在爱尔兰取景，那里有更好的税收优惠），是一场令人愉快的高地狂欢，但错得让人笑掉大牙，几乎没有一个场景没被歪曲。就拿威廉·华莱士生命中的女人来说，没有确凿的证据表明他有妻子，更不用说她还在婚礼当晚“被夺走初夜权”（“初夜”的观念是维多利亚时代的焦虑）；有证据表明她被埋在公元400年那个时代特征的“竖长形”坟墓中，而不是1300年的坟墓；华莱士也不可能遇到伊莎贝拉，更遑论与她通奸（1308年，她嫁给了爱德华二世，在此3年前，华莱士已被执行死刑）。

彼得·沃特金1964年的反战电影《卡洛敦》是个高贵的例外，无论之前还是之后的很多作品都没有达到它的高度。作为第一部“纪录片”，其原始的现实主义提升了它的境界，使它远远超出绝大多数“石楠叶丛中的那位王子”作品中浮夸的感伤情怀。沃特金用嵌入式的纪实报道（包括盖尔语的副标题）展现了卡洛敦那场大屠杀；在那场残忍的战争中，汉诺威损失了大约150人，詹姆斯党则有10倍之多，沃特金将这些场面直观地呈现给观众，营造出人道主义的关怀。考古学家通常会发掘更多关于卡洛敦的信息，这意味着对此的理解会不断变化，但沃特金尽可能贴近了真实的历史证据。

沃尔特站在苏格兰人约翰·葛里森（John Grierson，1898 — 1972）的肩膀之上，后者“发明”了纪录片，但他那冗长沉闷的独白对《这个奇妙的世界》（*This Wonderful World*，1957 — 1967）这部苏格兰电视节目的观众来说真是乏味。不过，苏格兰人现在也创造了一些严肃的学术性电视节目，特别是斯特灵大学的菲奥娜·沃特森（Fiona Watson）主持的 2001 年 BBC 系列[1]，还有一些快速获取丰富考古知识的节目。

音乐

古典音乐过去在私人的府邸里演奏，随着 17 世纪末空闲时间的商业化，古典音乐开始在公共场所演奏，比如爱丁堡旧城的圣塞西莉亚音乐厅。教会音乐也很重要。新教是书籍的宗教，《圣经》阅

1　这一系列是《寻找苏格兰》。

读对信仰而言当然很重要，但典型的加尔文仪式是教理问答（口头回答宗教问题）和吟唱诗篇。圣咏是盟约者强大的政治象征，那些想找老师和领唱者职位的人得有一副好嗓子，继承宗教改革前教会歌唱、学校吟唱教育的传统，这一点对弥撒和神职都很重要。教会音乐有着多种多样的表达方式，是一种富有生机且形式多样的文化。

然而，圣咏和吟唱赞美诗标志着虔敬之情脱离了那个歌唱丰收的民谣和其他一些世俗歌曲的世界，而那些歌曲中，有一些内容污秽不堪。工作场合的音乐包括叙述性的“织布”歌，唱的是婚姻问题之类的家长里短，18、19 世纪成群的妇女边织布边吟唱，未婚的农场工人唱着这些或抱怨或称颂的“茅屋民谣”，讲述青年人从好时光到坏雇主的一切事情 —— 所有这些都带着一种超越简单的现代浪漫主义风格的辛酸苦楚。田园主义成为维多利亚和爱德华时代的音乐特征，正如它也是很多视觉艺术的特征一样。

除了在教会或假装知道比《友谊地久天长》（*Auld Lang Syne*）第一段（或卡拉 OK）更多的歌

曲时，现在的合唱不像以前收音机和电视时代那么普遍。苏格兰国歌仍然是联合王国的官方国歌——《天佑女王》（*God Save the Queen*）。现在，在国际体育赛事等场合，更常听到的歌曲是《苏格兰之花》，该曲是成功的民谣二人组合“克里兄弟”（The Corries）1966 年创作出来纪念班诺克本战役的，这首歌让像《苏格兰勇士》（克里夫·班夫，20 世纪 50 年代）这样的竞争歌曲黯然失色。心怀乡愁的侨民可能偏爱道吉·麦克林（Dougie MacLean）的《加利多尼亚》，这首歌写于 20 世纪 70 年代，但经过法兰克·米勒（Frankie Miller）的大力推广才流行开来（1992）。

传统的苏格兰音乐可以单独演奏或乐队演奏，伴舞时可以带歌词或不带歌词，或作为单独的表演。从公元 9 世纪到 17 世纪，竖琴是苏格兰的主要弦乐器。近代的主要乐器是小提琴、手风琴或六角手风琴，以及室内管乐器和风笛，可能还有打击乐器。风笛是一种使用充气袋的管乐器，早在 14 世纪就有对它的描述，但并不是苏格兰人独有的乐器，爱尔兰、东欧、西班牙西北部以及意大利的部分地区都有风笛。1745 年詹姆斯党人反叛后，风笛因其煽动性而被禁止，但在 1782 年之后风笛（和鼓一起）重新出现在英国的军乐中。传统音乐中很少有钢琴，吉他也是 20 世纪 60 年代才引入的。

所谓的“传统音乐”充满活力、参与性强、反应热烈，它远非固定不变的。音乐灵感来自本土，尤其是设得兰的传奇提琴手阿里·拜恩（Aly Bain），还有来自爱尔兰的民谣。像战地乐队（Battlefield Band）和拉夫男孩（Boys of the Lough）这样的组合，一直是这种快乐的和声音乐的流行领袖。民谣现在是主流，但几十年来，它曾被某些人归为“高地佬”（一个贬义词，和“乡巴佬”一样）音乐。传统音乐有一个明显的先后顺序，取决于谁演奏乐器，按照什么规则演奏，在哪里演奏。20 世纪六七十年代，罗宾·霍尔（Robin Hall）和吉米·麦格雷戈（Jimmy MacGregor）都非常成功，他们在私密的场所为小众表演，对所有的音乐表演来说，这很正常，直到舞台摇滚问世。

从 20 世纪 60 年代起，苏格兰人开始创作他们自己版本的流行歌曲和摇滚音乐。20 世纪 60 年代，露露·肯尼迪·凯恩斯这位无比重要的音乐人成为一针电视解毒剂，她缓解了安迪·斯图尔特（Andy Stewart，1933 — 1993）苏格兰式的单调乏味，斯图尔特本人支持哈里·兰黛（Harry Lauder，1870 — 1950）的搞笑传统。格拉斯哥培养了人们对阿兹特克·卡梅拉（Aztec Camera）、惊奇弦乐队（Incredible String Band）、拿撒勒（Nazareth）这些新潮乐队的爱好。有点遗憾的是爱丁堡的湾城狂飙乐队（Bay City Rollers）（20 世纪 70 年代极为流行，却就在这 10 年中被人遗忘），但像雷兹洛（Rezillos）、斯基德（Skids）这样原创性的朋克乐队还是有很大影响的。从那时起，最有影响力的乐队 —— 如果不是销量最好的话，包括极地双子星（Cocteau Twins）、沃特男孩（Waterboys）、贝拉与塞巴斯蒂安（Belle and Sebastian）。沃特男孩、莎林·斯皮特里担任主唱的得克萨斯（Texas），以及特拉维斯（Travis）是严肃乐队中商业化最成功的，就像“单纯的心”（Simple Minds）和“舞韵组合”（Eurythmics）在他们那个时代的成功一样；弗朗兹·费迪南德乐队的路子似乎也一样。一些乐队有大众需求，但原创性有限，比如迪肯·布鲁乐队（Deacon Blue）、“Wet Wet Wet”乐队。

20 世纪 80 年代以来，苏格兰文化复兴的苏格兰语是偶然的而非关键的内容，而在商业压力下日益标准化的音乐文化中，有两支乐队是独特的“苏格兰语”最好的宣传：一支是普罗克莱门孪生兄弟（来自低地法夫的奥赫特马赫蒂），他们创作了充满道德色彩的家乡人的抒情诗（你可以听到他们的苏格兰口音）；另一支是伦里格（Runrig），他们创作了激烈而充满活力的歌曲，其中很多是盖尔语。这些全球音乐文化的参与者表明，苏格兰过去的文化与现代媒介资本主义的同质化影响之间的包容性是多么鲜活而独特。

体育

对苏格兰人和英格兰人而言，足球可能不是“漂亮的运动”，但人们都很认真地对待足球运动，从国家层面来说应该踢好，这种情感是有历史基础的。1296 年到 1547 年，苏格兰人和英格兰人对战 19 次，英格兰人赢了 11 次，苏格兰人赢了 8 次。从维多利亚统治时期到撒切尔统治结束，英格兰人赢了苏格兰人 44 场足球比赛，苏格兰人赢了 40 场，平局 24 场。尽管顶级俱乐部（流浪者和凯尔特）是欧洲级别的，但苏格兰国家足球队近年来需要付出更多努力而非去拿奖杯，突围进入世界杯总是满怀欣喜地开始，泪眼婆娑地收场。那位在阿根廷失利（1978）的苏格兰球队教练不是被说成主教练，而是“职业啦啦队队长”。

1873 年见证了苏格兰足球协会（SFA）的成立。同一年成立的苏格兰足球联盟（SFU）代表正式的“足球”，即英式橄榄球或“英式橄榄球联盟”。1924 年，SFU 成为苏格兰的英式橄榄球联盟，1925 年，苏格兰国家橄榄球体育场在爱丁堡的莫里菲尔德启用（1983 年重新修建）。1893 年，SFA 将支付球员薪水合法化，但直到 1995 年，橄榄球运动一直都是好战的业余运动。玩这项运动的人主要是精英学校、大学或毕业后的学生，但在边区也很流行（而且更多社会人士参与）。橄榄球联盟在英格兰北部很流行，但在苏格兰从来都不盛行。与足球赛事相比，莫里菲尔德以及英国和欧洲的国际橄榄球比赛流露出温和的仇外心理（或者说，因为这个原因，英国的很多混合俱乐部都会发生冲突）。

苏格兰人在 15 世纪发明了高尔夫，但国王们却不赞同这项运动，因为它干扰了习射。高尔夫运动拥有奢华的、只接受邀请的俱乐部，诸如全部是男性的王室俱乐部以及老圣安德鲁俱乐部（现在女士也有一样的高尔夫运动，20 世纪初，妇女选举权运动伏击了正在开会的内阁成员）。通过多开球场（包括圣安德鲁斯老球场），苏格兰现在的高尔夫运动比世界大多数地方都便宜，更容易进入，也更广泛。

苏格兰有一些杰出的运动员，虽然像冰壶和射击这些不太为人所知的运动催生了世界级的参赛者，在下雪的日子里，这个国家也培养了一些优秀的滑雪者。2004 年、2005 年，阿盖尔公爵带领的一支队伍在印度的大象马球比赛中获得了世界冠军。国家板球队的存在和偶尔的精彩表现让人感到惊喜。奇怪的是，苏格兰一些最著名的“运动员”是玩飞镖和斯诺克的人。

绵羊是高地清理运动的第一批赢家，它们的数量陡增四倍，但在 19 世纪末，它们被运动型动物取代，因为澳大利亚羊毛在布匹制作上取代了苏格兰，导致高地沦为有钱人的大众主题公园。1984 年，“鹿森林”覆盖了 200 万英亩即十分之一的土地。2002 年禁止带着猎犬猎狐，主要因为它的社会群体规模太小，不过垂钓兴盛，强健的肉食动物每年都捕杀大量的松鸡、野鸡和鹿，出于旅游业利益的考虑，人们不仅容忍而且鼓励这种捕杀。

结语　历史的教训

苏格兰的过去对它的未来意味着什么？首先，苏格兰人保留着一种深刻的、强烈的历史感，尽管是一种选择性的历史感。和其他盎格鲁－撒克逊社会一样，他们合情合理地寻求身份认同，寻求移情，通过研究家族史或地方史来寻求他们个体现在的意义，他们想了解战争和历史的声誉。对于创造当今社会和政治背景的这些公共的历史，包括苏格兰独立的国家教会、特征鲜明的地方法典和完全不同的统治经验，他们兴趣不大。这种冷漠可能和很多因素有关——对个别人权威的关注、政治幻灭、世俗化和电子通信，其影响是显而易见的。然而，苏格兰人仍然感到自己与历史的触碰，这种意识是他们身份认同的重要组成部分。现代苏格兰牢牢地根基于历史，这种历史的连续性有助于建设性地处理变革。

公共历史的一种表现是强烈的公民意识，这一点有助于苏格兰社区在成为英国最想居住地方的民意调查中获得高分。与此相伴的还有一直重要的地方性、各种多样性及其所暗含的非国家性的团结。苏格兰分权运行这么好的一个重要原因，是苏格兰在历史上就不像英格兰那样有中央集权的政府，它有一个有效的公民社会：准确地说，是那些在国家机器之下和之外的各种形式的社团，比如教会、社区、家族，这些社团成为缓和公共机构和私人生活的中介，而这些正是现代西方非常关心的。公民社会给予公民权利，这一概念对新右派和“左”倾社群主义的志愿社团观都有吸引力，因为它坚持人民没有责任就没有权利，个人主义不得不因承认公共利益而加以节制。基于苏格兰历史上的统治经历，苏格兰人认为中央政权出于良性的目的能够而且应该进行干预，但绝大多数权力应该被分散。

对公民社会的这种赞誉绝不是乐观的。苏格兰历史的黑暗面，如贪婪、社会不平等和不公正，对妇女、儿童和其他族群的压迫、对不同信仰的偏执，所有这些都是现代情感所排斥的。目前也有一些乌烟瘴气的现象（尤其是苏格兰中西部的工党“一党制”），还有社会保守主义的遗毒可能助长无知和褊狭，吸毒、酗酒、反社会行为、犯罪，这些问题和英国其他地方一样。“街道”曾表明人们的亲密关系，现在却变成了危险的代名词。但生动的历史感、强烈的民族认同、植根于地方的强大公民社会，都在述说着苏格兰的历史与现在。

历史也触及现代政治，很多苏格兰人感到自己不仅是苏格兰人，也是英国人。最重要的含义是，苏格兰近期的未来不可能回避与英国其他地区的交流，因为几百年来，它已经被锁定在英国范畴之内了。这并不意味着苏格兰人总是对他们过去或现在与英格兰的关系感到舒服，当他们感到不公时，他们从不迟疑说出他们的感受。不太值得称赞的是，他们一直都“指责”他们的邻居。历史表明，他们有点道理，但成为受害者就否认了自己当事人的身份。最好还是承认自己从与英格兰的联盟中得到了很多好处，承认他们共享的那些东西，对他们差异性中好的一面感到合理的自豪，并改变差异性中不好的一面。

三个世纪以来，苏格兰与英格兰联合的政治意义一直在延展，尽管是在一个很不相同的世界。大不列颠（和1922年独立前后的爱尔兰）的组成部分各自在发展，但也以调整自己经历的方式共同发展。随着时间的推移，各地区在某些方面已经逐渐趋同，但在很多重要的方面仍然有差异。所有现代国家都是建立在征服和殖民化之上的人为之物，都在费尽心思缔造国家的安定团结（包括苏格兰人、英格兰人和英国人的身份认同）。纵观数个世纪，国家的完整性现在都只是朝不保夕、不能确定的，它们的主权和声称不可侵犯的边界不断受到侵蚀。便捷的旅行、移民、跨国犯罪、全球恐怖主义、资本主义、环境的恶化，正挑战我们对地理学和政治学的理解，并将其复杂化。经历了500年多个民族的层垒堆积，包括英国在内的民族国家正倒退瓦解成它们各自的组成部分。苏格兰和英格兰的关系建立在几个世纪不确定性、尝试和妥协的基础上，现在，它的结局仍是未定之数。

在那段时间，苏格兰并不是等着要追赶英格兰的落后版本，而是非常独特的存在。从政治上说，自中世纪早期以来，苏格兰人就知道独立或半独立意味着什么，这对威尔士来说不太可能成真（威尔士的制度被更彻底地同化了，如果语言、文化和习惯没被彻底同化的话），而且对英格兰各地区完全不可能成真。过去自然不该决定未来，否则，我们本不该摆脱种族、阶级和性别的多重压迫。历史可以解放，也可以限制人的活动，争取制造顺应历史而非对抗历史的命运的尝试可能更容易、更成功，也更持久。如果某一天，苏格兰真的走上了独立之路，那它将是与自己的历史合拍，正如它留在英联邦的未来也与历史合拍一样。

参考书目及进一步阅读书目

R. D. Anderson, *Education and the Scottish People, 1750–1918* (Oxford, 1995)，该书在制度方面的研究非常透彻。

I. Armit, *Celtic Scotland* (London, 1997)，该书对这一被误解的时期进行了简明扼要、切合实际的分析。

G. W. S. Barrow, *Kingship and Unity: Scotland, 1000–1306*, 2nd edn. (London, 2003)，该书是对这一重要时期极为重要的简明研究。

C. G. Brown, *Religion and Society in Scotland since 1707* (Edinburgh, 1997)，该书是权威考察。

L. Colley, *Britons: Forging the Nation, 1707–1837* (London, 1994)，该书对现代不列颠的缔造提出了很有力的论证。

R. Crawford, *Scotland's Books: The Penguin History*

of Scottish Literature (London, 2007)，该书价值巨大，具有权威性。

T. M. Devine, *The Scottish Nation, 1700–2000* (London, 1999)，该书是一个很好的概述，尤其对 1770 — 1914 年的经济和政治主题的分析最为透彻。

R. A. Dodgshon, *From Chiefs to Landlords: Social and Economic Change in the Western Highlands* (Edinburgh, 1998)，该书读起来有点费劲，但很有收获。

M. Fry, *The Scottish Empire* (Tuckwell/Birlinn, 2001)，该书的考察最浅显易懂。

A. Grant, *Independence and Nationhood: Scotland, 1306–1469* (London, 1984)，该书范围很广，思考全面。

M. Harper, *Adventurers and Exiles: The Great Scottish Exodus* (London, 2003)，此书是可读性很强的移民通史，描述了很多人类细节。

F. Heal, *Reformation in Britain and Ireland* (Oxford, 2003)，最明确、最客观的叙述：与很多所谓的“英国史”不同，该书非常公正地讨论了苏格兰。

J. Hoppit (ed.), *Parliaments, Nations and Identities in Britain and Ireland* (Manchester, 2003)，探索了 1707

年前后的代议制。

R. A. Houston, *Scottish Literacy and the Scottish Identity: Literacyand Society in Scotland and England, 1600–1850* (Cambridge, 1985).

R. A. Houston (ed.), *The New Penguin History of Scotland* (Harmondsworth, 2001)，迄今为止最全面的概述，可读性强，可代替所有早先的单卷本。现在可从 Folio Society 出版商那里购买。

M. Lynch, *Scotland: A New History* (London, 1991)，可能是现在最好的单个作家的概述，不过反映了他在 1400 — 1700 年间的研究专长。

A. I. Macinnes, *The British Revolution, 1629–1660* (Basingstoke, 2004)，该书追溯了苏格兰、爱尔兰和英格兰的历史是如何错综复杂地纠缠在一起的。

D. Macmillan, *Scottish Art, 1460–2000* (Edinburgh, 2000)，该书是其他同类著作中最优秀的一本。

R. D. Oram, *Scottish Prehistory* (Edinburgh, 1997)，该书提供了一个全面而均衡的导读。

L. Paterson, F. Bechhofer, and D. McCrone, *Living in Scotland: Socialand Economic Change since 1980*

(Edinburgh, 2004)，该书对现代苏格兰剧烈但仍然被不恰当理解的转型提供了最好的分析。

R. Porter, *Enlightenment: How Britain Created the Modern World* (London, 2000)，该书对启蒙运动提出了全面理解。

J. Purser, *Scotland's Music: A History of the Traditional and Classical Music of Scotland from Early Times to the Present Day, 2nd edn.* (Edinburgh, 2007)，可读性强，而且全面。

T. C. Smout, *A History of the Scottish People, 1560–1830* (Glasgow, 1972)，该书是部杰作，尤其是在社会史方面。他的《苏格兰人民的一个世纪：1830 — 1950》也值得读一读。

R. S. Tompson, *Islands of Law: A Legal History of the British Isles* (New York, 2000)，该书是一部清晰简短的法律多样性的比较史

D. M. Walker, *The Scottish Legal System: An Introduction to the Studyof Scots Law* (Edinburgh, 2001)，该书只针对苏格兰，主题更加明确。

M. Watson, *Being English in Scotland* (Edinburgh,

2004)，关于现代英格兰如何看待苏格兰人的真实态度，该书是少数几部认真研究的著作之一。

C. W. J. Withers, *Gaelic in Scotland, 1698–1981: The Geographical History of a Language* (Edinburgh, 1984).

A. Woolf, *From Pictland to Alba, 789–1070* (Edinburgh, 2007)，该书是关于王国缔造非常优秀的考察。

J. Wormald, *Court, Kirk and Community: Scotland, 1470–1625* (London, 1981)，现在仍然是这段重要转型时期的最好研究。

三部耗时费力的大系列著作正在进行中。2012年即将完成的是罗杰·梅森主编的10卷本的《新爱丁堡版苏格兰史》[1]（*New Edinburgh History of Scotland*，爱丁堡大学出版社）。其他两部由多位作者合写的大部头文集在社会、物质和文化主题上非常有用。《苏格兰生活与社会：苏格兰民族学纲要》（*Scottish Life and Society: A Compendium of Scottish Ethnology*, Tuckwell/Birlinn）计划出版14卷，到现

1 2008年本书出版时，《新爱丁堡版苏格兰史》尚未完成。

在为止已经出版了 7 卷，这套书是极为珍贵的资料汇编。《苏格兰的建筑》（*The Buildings of Scotland*, Penguin/Yale）是一部苏格兰的佩夫斯纳[1]指南，虽然没有覆盖苏格兰全境的建筑，但也差不多了。

1 Pevsner，这里指 Nikolaus Pevsner（1902—1983），尼古拉·佩夫斯纳是德国-英国艺术史和建筑史学家，《佩夫斯纳建筑指南》是大不列颠和爱尔兰建筑的系列指南。尼古拉·佩夫斯纳于 20 世纪 40 年代开始编写这套书，最初 46 卷的《英格兰建筑》在 1951—1974 年出版。到 20 世纪 70 年代末，这套书扩展到苏格兰、威尔士和爱尔兰的建筑。参见 https://en.wikipedia.org/wiki/Pevsner_Architectural_Guides。

大事年表

公元前 7000 年	后冰期时代人类初次在苏格兰定居的证据
公元前 4000 年	从狩猎 – 采集时代向定居的农耕社会过渡
公元前 3000 —前 2000 年	斯卡拉布雷村落和麦豪石墓（奥克尼郡）以及卡拉尼什巨石阵（刘易斯岛西海岸）建成
公元 79 年	不列颠的罗马入侵者抵达苏格兰
公元 122 — 136 年	罗马人在泰恩河和索尔韦河之间修建哈德良长城
公元 143 年	罗马人在福斯河和克莱德河之间修建安东尼长城
公元 400 年	罗马人遗弃不列颠；基督教传教士开始活跃起来
公元 563 年	圣科伦巴在爱奥纳定居；公元 597 年去世
公元 664 年	惠特比宗教会议

公元 685 年	皮克特人在内希坦斯梅尔战役（福弗尔）中击败了诺森布里亚人
公元 794 年	北欧人开始劫掠苏格兰
公元 843 年	肯尼思·麦克阿尔宾创建一个“联合王国”（阿尔巴）
公元 9 世纪 70 年代	维京人洗劫皮克特人心脏地带；丹麦人开始统治诺森布里亚；盖尔人或“苏格兰人”接管皮克特王国
公元 904 年	斯特拉斯恩战役（维京人在苏格兰的首次重大失败）
1018 年	马尔科姆二世在卡拉姆打败盎格鲁人
1066 年	诺曼人入侵英格兰
1098 年	承认挪威人对马恩岛和群岛王国的领主权
12 世纪	盎格鲁 – 诺曼人深刻影响了苏格兰
1128 年	荷里路德修道院建造
1157 年	盎格鲁 – 苏格兰人的边界第一次固定在特威德 – 索尔韦河
1173 — 1174 年	“狮心”威廉入侵英格兰北部
1192 年	“教皇诏书”承认苏格兰教会为“圣座的特别女儿”

1237 年	《约克条约》：亚历山大二世向英格兰北部各郡投降
1263 年	挪威人在拉格斯战役中被打败
1266 年	《珀斯条约》：挪威人割让西部群岛给亚历山大三世
1291 年	爱德华一世声明对苏格兰的领主权
1295 年	法 – 苏“古老联盟”形成
1296 年	爱德华一世入侵苏格兰：“独立战争”开始（直到 1328 年）
1297 年	威廉 · 华莱士在斯特灵桥战役中击败英格兰人
1305 年	威廉 · 华莱士被处决
1314 年	苏格兰人在班诺克本战役中打败英格兰人
1320 年	《阿布罗斯宣言》
1328 年	《爱丁堡条约》/北安普敦承认苏格兰独立
1349 年	瘟疫肆虐苏格兰
1357 年	《贝里克条约》：英格兰人释放大卫二世
1400 年	亨利四世入侵苏格兰

1412 年	第一所苏格兰大学建立（圣安德鲁斯）
1469 年	奥克尼岛和设得兰岛并入苏格兰（以前属于丹麦人）
1472 年	第一位苏格兰大主教（圣安德鲁斯）
1493 年	岛屿领主权重回詹姆斯四世手中
1507 年	第一家苏格兰出版社成立
1513 年	英格兰人在弗洛敦战役中击败苏格兰人
1532 年	最高民事法院司法协会创建
1542 年	英格兰人在索尔韦－莫斯战役中击败苏格兰人
1544—1550 年	苏格兰的“粗暴求婚之战”
1560 年	苏格兰宗教改革
1561 年	苏格兰女王玛丽返回苏格兰（1567 年被废黜）
1590 年	苏格兰第一次重大的猎巫审判（北部贝里克的女巫）
1603 年	两国共戴一君（苏格兰的詹姆斯六世成为英格兰的詹姆斯一世）

1609年	《爱奥纳法令》；治安法官引入苏格兰；苏格兰人开始向乌尔斯特移民
1622—1623年	闹饥荒
1633年	查理一世在苏格兰加冕
1638年	“苏格兰革命”开启“三国混战”；国民誓约
1643年	神圣盟约
1645年	苏格兰瘟疫大暴发
17世纪50年代	奥利弗·克伦威尔占据苏格兰
1660年	查理二世复辟
1662年	《复辟宗教解决法案》
1672年	刑事法院创建
1684年	苏格兰人在新泽西和卡罗来纳建立移民聚居点
1690年	宗教法案革命
1692年	格伦科惨案
1695年	苏格兰银行建立
1695—1699年	遭受严重饥荒，无数人因病死亡

1707 年	《联合法案》：苏格兰议会融入英格兰议会
1708 年	苏格兰枢密院被废除
1711 年	《苏格兰主教法案》
1714 年	汉诺威继承英国王位（乔治一世）
1715 年	第一次詹姆斯党人叛乱（战败于雪利弗缪尔战役中）
1727 年	苏格兰皇家银行建立；苏格兰最后一名女巫被处决
18 世纪 30 —90 年代	苏格兰启蒙运动
1733 年	原发性的教会脱离运动（在后宗教改革时期的教会中开始出现）
1736 年	波蒂厄斯骚乱
1746 年	最后一次詹姆斯党人叛乱，始于 1745 年，败于卡洛敦战役
1748 年	（苏格兰）世袭领地管辖强制实施
1756 — 1763 年	英法七年战争
1761 年	第二次脱离运动（救济教会建立）

1776 年	美洲革命（以及独立战争）；亚当·斯密的《国富论》出版
1789 年	法国大革命爆发
1793 — 1802 年	英法之间的大革命战争
19 世纪 00 年代	第一次高地“清洗运动”
1803 — 1815 年	英法之间的拿破仑战争
1822 年	乔治四世访问苏格兰
1829 年	英国的天主教解放运动
1832 年	《(苏格兰）议会改革法案》；霍乱肆虐
1833 年	《城市改革法案》：城市代表委员会建立
1842 年	爱丁堡 – 格拉斯哥铁路线开通
1843 年	“瓦解运动”（苏格兰自由教会成立）
1845 年	（苏格兰）济贫法修正案
1846 — 1848 年	高地大饥荒
1855 年	出生、结婚、死亡民事登记引入苏格兰
1868 年	第二次改革法案，进一步扩大议会选举权
1872 年	（苏格兰）教育法规定中小学义务教育

1878 年	天主教主教制在苏格兰恢复
1884 年	进一步改革法案缔造“普遍的”男人选举权
1885 年	苏格兰大臣、苏格兰事务部创建
1886 年	（苏格兰）小农场所有权法案
1888 年	苏格兰工党成立
1889 年	（苏格兰）地方政府法案颁布，形成了郡长委员会代议制
1890 年	自由学校[1]引入；福斯铁路桥完工
1899 — 1902 年	布尔战争
1900 年	自由教会和长老派联合教会合并，组成联合自由教会
1914 — 1918 年	第一次世界大战
1918 年	“普”选权；《（苏格兰）教育法案》
1922 年	苏格兰最大的党派工党参加大选；BBC 第一次从格拉斯哥播送

1　由政府创建，不由市镇委员会掌控。

1926 年	苏格兰大臣变成“苏格兰国务大臣”；英国大罢工
1928 年	男女选举权平权
1928/1934 年	苏格兰民族党成立（SNP）
1929 年	苏格兰教会和联合自由教会重新统一
1931 年	苏格兰国民信托创建
1939 年	苏格兰事务部从伦敦搬到爱丁堡
1939 — 1945 年	第二次世界大战
1946 年	国家保险成立
1947 年	英国煤电国有化（钢铁 1967 年国有化）；第一届爱丁堡节
1948 年	国家医疗服务体系创建（NHS）
1965 年	高地和岛屿发展董事会成立
1967 年	苏格兰民族党在汉密尔顿补选中获胜；北海油田开始开发
1973 — 1974 年	国际“石油危机”
1979 年	苏格兰分权全民公决失败
1984 年	英国矿工罢工

1988 年	人头税引入苏格兰（1989 年引入英格兰）
1997 年	苏格兰分权全民公决成功
1999 年	苏格兰议会重新召开

苏格兰君主（公元 843—1714）

（注意，初期的君主只是苏格兰地区的君主，诸如皮克特王国或阿尔巴王国的国王）

麦克阿尔宾或麦克·阿尔宾王朝，公元 843—1058 年

肯尼思一世	公元 843—858 年
唐纳德一世	公元 858—862 年
君士坦丁一世	公元 862—876 年
艾德	公元 876—878 年
盖里克和埃齐德	公元 878—889 年
唐纳德二世	公元 889—900 年
君士坦丁二世	公元 900—943 年
马尔科姆一世	公元 943—954 年
英多尔夫	公元 954—962 年

多布或多夫	公元 962 — 966 年
卡伦	公元 966 — 971 年
肯尼思二世	公元 971 — 995 年
君士坦丁三世	公元 995 — 997 年
肯尼思三世	公元 997 — 1005 年
马尔科姆二世	1005 — 1034 年
邓肯一世	1034 — 1040 年
麦克白	1040 — 1057 年
卢拉赫	1057 — 1058 年

坎莫尔王朝，1058 — 1290 年

马尔科姆三世	1058 — 1093 年
唐纳德三世	1093 — 1097 年 （1094 年临时被邓肯一世废黜）
埃德加	1097 — 1107 年
亚历山大一世	1107 — 1124 年
大卫一世	1124 — 1153 年
马尔科姆四世	1153 — 1165 年
威廉一世	1165 — 1214 年

亚历山大二世	1214 — 1249 年
亚历山大三世	1249 — 1286 年
玛格丽特	1286 — 1290 年

巴里奥尔和布鲁斯王朝，1292 — 1371 年

约翰	1292 — 1296 年 （一直空位到 1306 年）
罗伯特一世	1306 — 1329 年
大卫二世	1329 — 1371 年

斯图亚特王朝，1371 — 1714 年

罗伯特二世	1371 — 1390 年
罗伯特三世	1390 — 1406 年
詹姆斯一世	1406 — 1437 年
詹姆斯二世	1437 — 1460 年
詹姆斯三世	1460 — 1488 年
詹姆斯四世	1488 — 1513 年
詹姆斯五世	1513 — 1542 年
玛丽一世	1542 — 1567 年

詹姆斯六世	1567 — 1625 年
查理一世	1625 — 1649 年
查理二世	1649 — 1685 年（1651 — 1660 年共和国和克伦威尔护国公时期流亡）
詹姆斯七世	1685 — 1688 年
威廉二世	（与玛丽共为君主，直到 1694 年）1689 — 1702 年
安妮	1702 — 1714 年